语文教学设计与实践

温晓娈　谯健　著

山东大学出版社

图书在版编目(CIP)数据

语文教学设计与实践/温晓娈,谯健著.—济南:山东大学出版社,2019.4

ISBN 978-7-5607-6191-6

Ⅰ.①语…　Ⅱ.①温…　Ⅲ.①语文课—教学研究—中等专业学校　Ⅳ.①G633.302

中国版本图书馆 CIP 数据核字(2018)第 217038 号

责任编辑:陈海军

封面设计:牛　钧

出版发行:山东大学出版社

社　址　山东省济南市山大南路 20 号

邮　编　250100

电　话　发行部 0531-88363008

经　销:山东省新华书店

印　刷:济南巨丰印刷有限公司

规　格:880 毫米×1230 毫米　1/32

6 印张　175 千字

版　次:2019 年 4 月第 1 版

印　次:2019 年 4 月第 1 次印刷

定　价:36.00 元

做一名幸福的语文教师

（代序）

从教16年来，我激扬在三尺讲台，以笑脸相对平凡的生活，用青春和赤诚弹奏百年树人的高歌，连年被评为优秀教师。我是幸福的！

我所任教的每一个班级都有着和谐民主、积极向上的良好风气，我是学生心灵的耕耘者，弹奏着学生的心灵之乐。“上温老师的课，是一种享受，一点负担也没有。”“温老师上课总能让我们很投入，我们都喜欢他的课。”一名老师，能得到学生的由衷喜爱和敬佩，我应该是十分幸福的！

用真情赏识每一位学生，用真心倾听学生的心声，蹲下去，平等交流，做学生真心的朋友；站起来，身正为范，做学生言行的师表。这是我当老师的宗旨。

手掬赤诚，怀揣执着，我把自己的一腔心血倾注在45分钟的课堂中。传授知识，培养能力塑灵魂，全面提高学生的综合素质——听说读写中巧妙渗透人文教育、就业教育，受到学生的欢迎，每次都评为学生心目中最喜爱的老师。

我的管理理念是：学生就是朋友，互相尊重，平等相处。

我的职校语文观：教会学生正确运用祖国语言文字，形成较强的语文基础能力，为专业学习服务，为生活服务，为工作服务；注重学生人文素养的提高，学生科学世界观、价值观和健康人格的形成，语文责无旁贷；以职业素养为本位，通过语文等文化课和育人课，使学生形成良好的职业道德，发展健康的职业心理，

养成职业品质和职业兴趣。

我的教育箴言是:把教书育人当成幸福的事,用这样积极的心态冲淡心灵上倦怠的尘土,工作着快乐着幸福着。

教育需要反思,语文教师更需要总结和提升,语文教学主要是阅读和写作,当然课堂教学方法指导是很重要的,更重要的是理念。因此,我把自己16年的教学实践和心得梳理一下,著作了这本书,这是对我前一段工作的回顾与总结,也是对我今后的鞭策与激励。只希望对同行有所帮助。

由于视野所限,能力欠缺,文笔笨拙,不足之处还望读者批评指正。

温晓娈

2018年8月

目录

理念先行

谈谈孩子良好学习习惯的培养

性格决定命运，习惯决定人生。每一位家长都十分关注孩子的健康成长，尤其是学业成绩。我认为，教育孩子首先要注重孩子良好学习习惯的养成，只有具备良好的学习习惯，才会有好的学习成绩，并为今后的发展打下坚实的基础。可以说，良好的习惯会决定孩子的一生。

那么，从哪几个方面培养良好的学习习惯呢？

一、培养良好的生活习惯

人的存在形式就是生活，生活习惯包括很多方面，广义的生活习惯就是有一种积极向上的生活态度，有一种收放自如的自控能力，能反思自己的语言和行为，能清醒分析自己所说所做的前因后果；而不是人们普遍认同的早起早睡、早七点吃饭下午一点午休的那种狭义生活习惯。生活习惯的养成，难在心理自控能力的养成。该做什么，不该做什么，多数孩子都能正确地分辨，但是欠缺的就是自控能力。这个习惯的养成，一是需要一个较长期的过程，再一个就是需要一个强制的外力。这个强制的外力，并不是说要打孩子骂孩子，而是要给孩子定下规则，有奖有惩，如果按习惯约定去做了，会怎么样？如果不按习惯做，又会如何？要一一兑现。生活习惯的养成，主要在家长。学校是个学习的地方，一个老师要管理那么多的孩子，要求是整齐划一的，很少有精力对一个孩子单独付出太多的时间，但这并不表示老师在孩子生活习惯的养成上就无足轻重了；相反，老师在孩子生活习惯的养成中起到的作用有时更大，特别是对一些年龄较大、在家庭中没有养成良好生活习惯的孩子，或是家庭受种种因素限制无法促进良好生活习惯养成的孩子来说，老师的作用更为重要。我的外甥就是这样一种情况。他的父母经商，没时间照顾他，爷爷、奶奶年龄大，没有能力管理照顾他，加之对学习成绩看重多些，对生活习惯养成的重视少些，使他从小没有养成良好的生活习惯。举例来说，他从学校回来后，第一件事就是吃零食或是加餐；第二件事就是去厕所，并且在厕所的时间是一般人的5倍以上。我曾和他探讨过这个问题，问他一天能有多少个60分钟，如果节省50分钟出来，能学多少东西，而他却一点没意识到这个问题。我并不是说让他挤出所有时间学习，而是让他知道，该做什么时就要做什么，不该做的事就要改正。良好的生活习惯是良好的学习习惯的基础，它们之间的纽带就是良好的自控能力。

二、培养良好的认知习惯

认知习惯也是对孩子学习成绩影响很大的一个因素。其实认知习惯也包括学习习惯，也可以说认知习惯是学习习惯的外延。孩子在课堂上认真听讲、认真完成作业、认真学习课本知识，这是好的学习习惯；孩子在大自然中，看到他了解的东西，对他不懂的东西主动探索、学习和研究，这是一个好的认知习惯。这是在学校和家庭中学习习惯的推广与丰富。正是这种习惯，决定了孩子学习表现、知识增长能力和知识面的广阔程度。但这些并不是直观表现在学习成绩上，而是需要一个系统的分析程序深入分析测评才能作出比较。这是一种比学习成绩优秀更为珍贵的能力。这个习惯来源于生活，养成于日常，系统于学校，与父母、家庭、老师、学校密切相关。

三、培养良好的思维习惯

思维习惯较为抽象，也较难理解和阐述。我只是凭借自己的感觉和感悟，加之对自己学校生涯的点滴回顾总结出来，和大家商榷。对一个孩子来说，生活在家庭中，学习在学校中，生活习惯和认知习惯就覆盖了他生活的全部，为什么还再单独提出思维习惯呢？我认为，思维习惯是每个孩子个体中隐性不同的地方。我们可能见到过，很多双胞胎生活在同样的家庭中，学习在同样的校园中，但是有时表现会不同。我也承认，这毕竟是少数。但是，也说明了一个问题。造成这种不同的原因就是，孩子有不同的思维习惯，不是智力的差距，不是 IQ 数值的差距。说到 IQ 智商，我想到一个与之相对的词——情商。情商的定义，到处可以查到，但具体定义是什么，你永远无法由某一处因素来确定它的关键内涵，它本身就是一个多种综合因素的合集，你也无法确定每个因素的权重。因为这个合集是变化的、动态的，时间、地方，人物的不同，都影响着情商作用的发挥。思维习惯，我认为就是情商中最重要的一部分。它决定着人如何去思考问题、如何去面对困难；相应来说，就决定着如何去生活、如何去学习，甚至包括着如何去解决课本中的难题的思路和方法。这种习惯的养成，同样是要靠父母、老师、家庭、学校的共同努力。改变孩子的思维习惯的方法，一个是教导，特别是用例子来教导。这里的例子不仅指例题，还包括生活中的例子；另一个就是训练，训练孩子发散性思维、缜密思维的习惯，将使孩子受益终生。

总之，孩子健全的人格比学习重要，良好的学习习惯比成绩重要。良好习惯的养成需要家长和老师的共同努力，需要我们多研究孩子，多关心理解孩子，多与家长沟通，让每一个孩子养成的良好的习惯，为一生奠基。

谈谈如何优化课堂教学

教师作为课堂的组织者、引导者和合作者，应充分发挥学生的主体性作用，为不断提高课堂教学的时效性而努力。那么如何优化课堂教学，提高课堂教学的时效性呢？

一、营造宽松的课堂气氛

教育家陶行知先生提倡“行是知之开始，知是行之成”。也就是强调学生的动口、动手、动脑能力，以唤起学生的主体意识，让学生积极参与教学活动。而要唤醒和增强学生的主体意识，必须营造平等、民主、和谐的课堂气氛。一个良好的课堂气氛，能促进师生双方交往互动，分享彼此的思考、见解和知识，交流彼此的情感与观念；能真正把教师转变为学习活动的组织者、引导者、合作者，把学生转变成学习的主人。营造宽松的课堂气氛，必须用情感为教学开道。“问渠那得清如许，为有源头活水来”，教育的爱和情感如同池塘的活水，没有水不能成其为池塘，没有爱就没有教育。爱生是全方位的，生活上关怀冷暖、了解学习情况、填补知识技能缺陷、挖掘学生身上的闪光点均在爱生之义。

这里我想谈一下目光的作用。教师要善于用眼睛表达自己的情感信息，走进学生的心灵世界。教师要有意识地用和蔼、相信的目光，尽可能平均地面向全体学生，从而大大缩短师生间的心理距离，让每一位学生有一种被重视感和被关注感。教师还要学会在不同的情况下给学生送去不同的眼神。

二、关注课堂教学中的细节

新课程下的课堂教学需要适当的拓展，更需要教师时刻关注课堂，关注细节，才能使课堂呈现“活”而不“乱”、“活”而不失“品位”的局面。

一是倾听。学生只有有效地倾听，学习才会进步，古今中外教育家无不强调倾听能力的作用。我们的课堂教学不能回避“用心听讲”的字眼，现代化的教学手段把课堂装点得五彩缤纷，但热闹的课堂结束后，留给学生的东西却不多。倾听指的是教师与学生的相互倾听，即学生注意倾听教师的提问，教师倾听学生的发言。教师不能只顾完成自己的教学过程，还应细心聆听学生的发言。如果一堂课中教师与学生的交流只停留在教室与学生的提问与回答，不管他对与错，只要我的课堂能顺利进行下去就行，就会缺乏教师与学生思维的碰撞，课堂教学就会架空在肤浅的“对话”之上。所以，课堂上教师应关注学生是否在认真倾听你的提问，同时也要时刻检查自己是否在认真倾听学生的发言。如果没有，不妨停下讲课，让学生再听一次问题，或者再听一遍同学的见解。

二是“异声”。“异声”就是学生与众不同的声音。这类学生往往思维特别活跃，他们想人之所未想，喜欢另辟蹊径，但有时也有失偏颇，使教师处于被动地位，措手不及甚至难堪。但这些“异声”迸发出学生学习的热情与求知的激情，才是课堂最宝贵的资源。对于课堂中的“异声”，应该立即接纳并引导。我在上《威尼斯商人》一课时，让学生说说夏洛克的性格特征。有学生说“贪婪”“吝啬”“冷酷无情”；可有一名学生却说“可怜”，理由是“人不为己，天诛地灭”。同学们一片哗然。我请同学们再读课文，用心感受夏洛克这一人物形象。并用“汶川地震”涌现的事

迹为学生进行了正确的引导，让学生真正体会到“人不为己，天诛地灭”这种思想的错误。

三是评点。目前课堂中充斥着流于表象的过分热情的表扬式评点，如“你真聪明”“真棒”“太好了”等等，而缺少让学生知道自己之所以被称赞的实质性评点。试想，如果课堂中教师一直忽视自己的“评点”这个环节，会给学生造成多大的不利影响，他们无法分辨自己想法的合理性。教师只有抓住学生说话的根本点，精确地说出合理的内核，剥离出不够到位或有错误的地方，才是评点的魅力所在。教师在课堂中应关注自己的评点，让学生明确自己之所以被肯定或不被肯定的原因，这样才会使自己的课堂更有说服力。

总之，课堂教学是一门艺术，要不断学习才能成功，学习永远比经验重要。在课堂上，只有付出十滴汗水，才能有一份收获。教师要让自己的课堂灵动美丽，使自己的教学更有利于学生的发展，课堂教学才会迸发出生命的光彩。

语文教学中如何培养人文精神

人文精神是对人的生命存在和人的尊严、价值、意义的理解与把握,以及对价值理想的执着追求的总和。其中既有对生命个体的尊重,又有对生命个体的要求。对生命个体,首先是对精神自由的尊重及其精神世界自由发展的尊重。在这一层面上,人文精神是以人性为本位的价值取向,是一种自由的精神。对社会个体强调的是对人的价值、人生存意义的关注,对真善美永恒追求的展现。在这一层面上,人文精神是以人格为本位的价值取向,是一种自觉的精神、超越的精神。语文教学中如何培养学生的人文精神呢?下面谈几点体会和认识。

一、语文本身积淀着丰富的文化内涵和人文精神

从对象来说,语言文字不仅是媒介符号,也是一种世界的呈现。“池塘生春草,园柳变鸣禽。”这是充满生机、溢满情趣的艺术世界。而《骆驼祥子》展现的是灰暗、悲苦的世界,《落花生》展示的则是自然、纯朴的世界。

从主体来说,语言不仅是人类交际的工具,也是人的生命存在的一种方式,是人的生命活动的一个表现。《荷塘月色》是一个孤独灵魂的独语;岳飞《满江红》展示了一个爱国志士的豪迈气概和凛然正气。可见,我们面对一篇篇作品,就是面对一个个生命。

所以，学生学语文，接受的不仅是符号系统，而且还是价值系统，是接受人类精神文化的涵养。

二、语文教学加强人文精神培养的途径和方法

1. 注重学生阅读的开放性、创造性

开放性阅读就是将阅读过程看作是读者构建自己的知识、精神和人格的过程，阅读的过程，就是学生沐浴、熏陶、审视、升华自己的过程。在这一过程中，学生由不完善走向完善，体现着一种创造的快乐、自我实现的快乐。开放性阅读的实施思路有两点：一是在课堂上重朗读，精讲析。朗读能使学生反复触摸语言。二是增大阅读量。要求学生走出课堂，广泛地了解古今中外的政策、经济、文化、历史，并在比较、撞击中逐步培养独立思考和判断能力，培养乐意接受多元的优秀的文化熏陶的习惯和自觉鉴别视听材料的能力。这对于丰富学生的“理想世界”“现实世界”“虚拟世界”具有重要意义。多与经典的优秀作品零距离接触，在与仁人志士、智者哲人进行精神对话和心灵沟通时，能逐渐增加学生的生活厚度，强化其角色意识，丰富其文化底蕴，提升其人文素养。创造性阅读强调学生在阅读的过程中根据自己的生活经验发挥想象力，在不违背文章基本意思的基础上，可赋予作品以新的理解，不必拘泥于作者原意，阅读活动以读者素质的提高为最终归宿。

2. 注重学生独特的体验和感受

注重学生独特的体验和感受就是在整个语文教学活动中，学生是一个积极主动的参与者，而不是一个被动的服从者。学生是在自己的人生体验和审美情趣的基础上主动理解文章的。这是一种亲近、抚摸文本的活动，也是一个最需自由的活动，最终是让真实而富有感染力的语言从学生最真切的感觉、感受和认识中流露出来。这一理念包含以下两方面的内涵：

一是注重学生解读文本的过程。要让学生站在与文本作者平等的地位上努力感受和理解文本的思想感情，与作者对话。学生理解的不仅是文本中的文字自身，更是文本作者的思想感情。比如《卜算子・咏梅》中，学生从“驿外断桥边，寂寞开无主”一句里，了解到梅花的生长环境，感受到它的孤独；从“已是黄昏独自愁，更著风和雨”中读出生活的坎坷；从“无意苦争春，一任群芳妒”中领略其卓尔不群的品性；从“零落成泥碾作尘，只有香如故”里欣赏其忠贞的节操。学生通过咀嚼文字，领悟了文本的内涵，同时也感受了陆游那身处逆境仍光明磊落的坦荡胸怀，自然就对作者产生敬仰，并感受这首词的沉郁顿挫之美。这样，文本对于学生来说，就具有了感染力。这都是主体参与感受、体验的结果，没有这一过程，文字不会有生命，它们也不会转化为学生的语言和情感。

二是注重学生与教师的关系。学生不是简单地接受教师的讲解，而是感受和理解教师对文本的感受和理解，这中间允许学生独立思考和评判。教师的讲解不是把现成的答案交给学生，而是起到铺垫、引导和提升的作用。要让学生理解“采菊东篱下，悠然见南山”的内在意蕴，教师须讲清陶渊明那独善、和乐、追求自由之“自我”的人品及平淡自然的文品，学生才能顺着这一导向接近、体悟那“物我两忘、静谧淡远”的审美境界。

3. 注重学生的真诚表达

真诚是人的美德，个性是人的魅力。教育的目的就是让学生越来越真诚，越来越灵动。有了真诚的表达，才有健康的人格。这一理念要求教师做到以下两点：

一是尊重学生的话语权。教师在阅读教学和写作教学中，既不能不恰当地运用话语指令和规则对学生的表达进行限制、束缚，又不能要求学生的道德尺度、审美标准、价值评判必须跟自己一致或相仿。同时，也意味着允许学生有“幼稚”“出格”“另类”的想法。注重学生说真话、写真情、做真人，避免学生因说空话、套话、假话而失去自己的语言和个性。

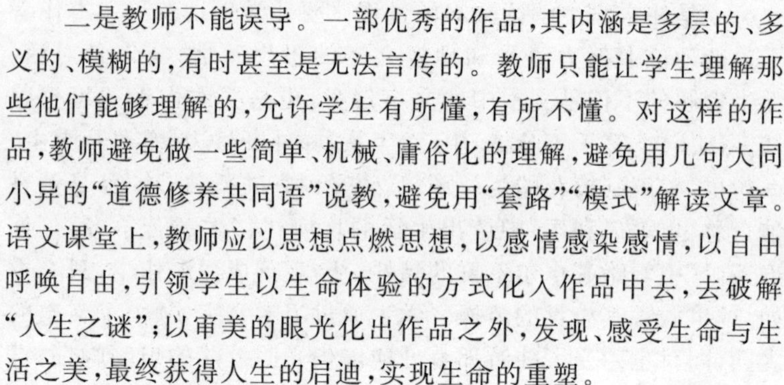

二是教师不能误导。一部优秀的作品，其内涵是多层的、多义的、模糊的，有时甚至是无法言传的。教师只能让学生理解那些他们能够理解的，允许学生有所懂，有所不懂。对这样的作品，教师避免做一些简单、机械、庸俗化的理解，避免用几句大同小异的“道德修养共同语”说教，避免用“套路”“模式”解读文章。语文课堂上，教师应以思想点燃思想，以感情感染感情，以自由呼唤自由，引领学生以生命体验的方式化入作品中去，去破解“人生之谜”；以审美的眼光化出作品之外，发现、感受生命与生活之美，最终获得人生的启迪，实现生命的重塑。

4. 教会学生珍惜生命

生命对于每一个人来说，都只有一次，所以我们要格外珍惜。但是，我们也总是会听到有人因为高考不如意而自杀，有人因为感情问题而轻生。生命，既是属于我们自己的，也不完全是属于我们自己的。我们的学生大部分属于独生子女的一代，在家里被父母宠溺的一代，没有经受过挫折和磨难。所以，一旦在生活中出现不如意，就非常危险。

针对这一问题，我带领学生学习毕淑敏的《我很重要》，让学生明白，他们的生命不仅仅是属于他们自己的，还是属于他们的父母的。正如文中所说：“假如我不存在了，他们就空留一份慈爱，在风中蛛丝般无法附丽地飘荡。”他们的生命对他们自己很重要，对于他们的父母也很重要，对于关心他们的每一个人都很重要。在欧·亨利的《最后一片叶子》中，贝尔门为了挽救琼西的生命而不惜献出了自己的生命。面对这些，我们还有什么理由不珍惜自己的生命呢？同样，我们在生活中就能够遵守交通规则，不闯红灯；在实习和以后的工作中，遵守工作要求，安全实习和生产。

5. 教会学生珍惜友情

每一个人都不是独立的，都要生活在群体之中，都要与别人交流，我们的学生也不例外。当学生刚刚进入这所学校时，由于互相之间都不熟悉，经常有同学之间闹矛盾甚至打架的现象发生。

针对这一问题，我引导学生学习英国作家培根的《论友谊》。文章多角度、多层面地论述了友谊的几大功用：一是调剂感情，疏导郁闷；二是沟通思想，增进智慧；三是为人提供各种替身性的帮助。如果在没有友谊和仁爱的人群中生活，那么“一座城市如同一片旷野”。同样的道理，一个班集体之中没有了同学友谊，那么每一个人都会麻烦不断。所以，要珍惜这份友谊，同学之间应该互相帮助、团结一心。《最后一片叶子》中，如果没有苏的关心和帮助，琼西也就坚持不到最后的康复。

在学校能够珍惜友情，将来走上工作岗位就会更加知道团结同事，齐心协力做好工作。这样的员工哪个企业会不欢迎呢？

6. 培养学生正确的审美能力

我们一直在追求真善美，那么我们首先要有正确的审美能力。审美是一种复杂的精神活动，它既有人对形象的直觉认识，又有在这种直觉中产生的情感，还有渗透在这种情感中的道德感和理智。我们学校的中专生，他们大部分时间是在学校和家庭中度过的，涉世不深。因而，他们的审美能力应该还处在一种初级阶段，评定美丑靠的是直觉。审美能力的培养就要求教师在学生初步理解作品的基础上，通过各种手段依据作品创建意境，在激起学生情感涟漪的同时，引导他们将道德感和理智参与进去，并结合自己的生活经验鉴赏作品深层次的美，从而不断提高他们的品位。

在引领学生学习朱自清的《荷塘月色》时，首先介绍当时的写作背景，让学生理解作者当时的苦闷心情。然后，引领学生精读第四段“月下荷塘”和第五段“荷塘月色”，同时展示我自己拍摄的荷塘图片并从宣传片中取出关于荷塘的视频资料帮助学生理解。通过图片和视频让学生体会品味朱自清先生所描绘的美景，让学生获得审美享受。返回头再联系当时的时代背景，这种美与当时丑恶的社会现实形成了鲜明的对比。在这种美与丑的

对比之中，更容易让学生建立正确的审美能力。

7. 引导学生树立远大理想和坚定信念

理想是人生目的的最高体现，信念是坚定不移的观念和态度，激励人们对未来的向往和追求，是人生发展的内在动力。如果没有了理想与信念，那么人生就会失去正确的方向。对于现在的中专生而言，理想与信念恰恰是他们最需要的。

在学习司马迁的《报任安书》时，让学生细细体会司马迁遭受宫刑时是怎样的一种绝望心情。就是在这种情况下，司马迁并没有一死了之，而是忍受着肉体和心灵的双重折磨，以一种常人无法想象的毅力完成了《史记》的创作。这是一种为了理想与信念而忘我的精神，也正是值得我们的中专生学习的精神。

在学习毛泽东主席的《沁园春·长沙》时，给学生介绍当时的时代背景，毛泽东当时正在被军阀下令缉捕。就是在这种严峻的形势之下，毛泽东重游橘子洲，写下了这首豪迈词作，展现出“以天下为己任”的伟大抱负，表达出昂扬的革命激情和豪迈的英雄气概。

我顺势引导说：我们的中专生所遇到的一点点困难，比起司马迁和毛主席的遭遇来说，简直是不值一提。那么我们还有什么理由不奋起而努力呢？

总之，结合语文教材，从实用语文能力和人文素养两方面去培养学生的综合素质，发挥了语文教学在素质教育中的重要作用。不仅使学生具备了良好的职业素质，而且还具备了健康乐观的思想情感、明辨是非美丑的能力，引导学生热爱生活，向往未来，拼搏进取，学有所成。

在作文教学中培养学生的人文素养

语文教学必须要做到开拓学生视野，发展学生潜力，培养学生的社会主义道德情操、健康高尚的审美观和爱国主义精神。作文是语文的一个主要内容，应该着眼于写作主体的开发和构建，重视对富有创造心理和人文内涵的学生个体的培养，在提高学生认识、训练思维、净化情感、陶冶情操方面做出努力，既提高作文写作能力，又培养学生的人格。

一、开阔学生视野，提高观察和思考能力

作文是对生活能动、生动地反映。生活是写作的源泉，不管什么人写文章都离不开生活这块沃土。学校生活、家庭生活都是学生写作的重要源泉，但仅这些还是远远不够的。我们还要把写作的课堂延伸到课外、校外，使之成为学生打开认识现代社会的广阔天地的大门，用时代的活水来浇灌作文的园地。我们学校地处黄河国际生态旅游开发区，我带领学生走出校门，参观景区，调查变迁见证，分析讨论交流。学生积累了丰富的社会人文素材，直观使他们感受深刻，认识有了提高，思想得到了升华，写作的积极性被极大地激发了出来。学生为此而写出的《小城风貌》《晏城之韵》等习作，都显示出内容充实、思想健康、富有人文气息、文采生动的特色。我还积极创造机会，在学生面前展现丰富多彩而又取之不竭、写之不尽的生动题材，并且引导学生对

这些材料去观察与思考，并鼓励他们通过分析，写出自己的看法和主张，真实地表达自己的思想感情和体验。

二、拓展思维空间，培养学生的创新能力

爱因斯坦说过："提出问题比解决问题更重要。"作文水平的高低，其实就是思维能力的高低。我在教学中充分发挥主导作用，在作文教学中激活学生的思想，拓宽他们思维的空间，诱导学生去积极体验写作这种创造性劳动的乐趣，发展他们的思维，提高他们的能力，从而培养他们的创新人格。作文教改的导向和成功做法给了我们有益的启示。

首先，在作文的命题上要有所创新。富有创意的佳作，都有巧妙的构思和独特的认识。语文教师要给学生充分的作文"自由"，给学生思维和想象的广阔空间，指导学生广泛阅读，多方涉猎，在写作中形成创造性思维的多向发现，培养多角度、全方位的思考能力。只有思维创新了，才能有作文结构、文章语言的创新。

其次，要避免作文评价的标准化。美国心理学家罗森塔尔著名的"皮革马利翁效应"指出：教师对学生真诚的爱和希望，是学生搞好学习的巨大动力。作文批改是作文教学的重要组成部分，教师在批改中要重在点拨、启发、鼓励，尤其是对差生，教师更要善于沙里淘金般地发现他们作文的优点和点滴进步，切不可求全责备，每一次批改要成为一次与学生的诚恳交流。这样，会在学生的心灵与情感上产生良好的影响。这也是在如何做人、如何对待工作上给学生以示范。

最后，在语文教学中，要鼓励学生提出新的观点。这在一定程度上推动了学生的理解与思维的发展。同时，也使教学更有针对性。要做到这点，必须形成民主和谐的学习氛围，尊重学生个性，注意抓住一切时机激发学生创新的欲望。

三、着重指导并提高学生的审美感悟能力

培养学生健康的审美观是语文教育包括写作教学的一个重要任务。“人文”中有“思想”，同时兼具审美因素。语文教材多数都是文质兼美的名篇，学生作文既要体现充实的内容和正确的思想，又应该体现健康的审美观。

要让学生去发现美。“生活中不是缺少美，而是缺少发现美的眼睛。”由于社会复杂，假恶丑与真善美并存，学生的辨别能力较差。尝过几回苦涩之后就慨叹“美在哪里”，甚至把真善美看成是假恶丑。为此，我开展以“美，就在身边”为主题的练笔活动，让学生立足于学校，立足于社会，立足于平凡琐事，去寻找美、感悟美，并积极地记录美和展现美。勤奋好学、艰苦朴素、好人好事、助人为乐、邻里相助，以及假期在实践活动中打工感悟、师徒情谊，等等，都生动地出现在同学们的笔下。通过练笔活动，纠正了学生的审美意向，培养了审美能力，学生的情操也得到了陶冶。

要教育学生生动地去展现美。立意要新，开掘要深，方法要巧。“观察—发现—联想—概括—表达”，健康的审美观教育贯穿全过程，每个阶段都折射出学生的审美意向。让学生用自己的眼睛去发现，带着主观的色彩去发掘，做到点石成金，平中见奇，平中显美。坚持锻炼，学生作文定能得心应手，笔下生辉。

总之，学生学语文离不开读和写，语文教师的一切努力都是为了学生的成长发展，其中写作是非常关键的一步。

中职语文教学要积极落实素质教育

素质教育是人类社会发展的必然要求，是可持续发展战略对人和教育的必然要求，也是全面落实党的教育方针，提高教育教学质量和办学水平，培养高素质人才的必然要求。

职业教育同样也要积极落实素质教育。语文作为中职教育的一门必修文化课，是落实素质教育的基础，是进行思想道德素质教育的重要阵地，是实施心理素质教育的有效途径，是对学生进行交往素质交际能力培训的基本途径，是实施审美教育的重要环节，也是培养学生创新精神和创新能力的重要手段。总之，在语文教学中实施素质教育有得天独厚的条件，占重要地位，可以很好地发挥作用。

结合多年的语文教学实践，就如何在语文教学中落实素质教育谈几点想法和体会。

一、转变传统教育观念，增强素质教育意识

要以高度的责任感与历史使命感去认识和落实素质教育。中职语文教学必须进行深刻的总结和反思，坚决摒弃与素质教育相悖的观念和习俗，积极承担起语文学科在素质教育中的重任。不要再闹出“什么教不了教语文，语文教不了上后勤”的笑话，千万不能忽视语文教学。

二、确定目标教学机制,遵循循序渐进原则

要从素质教育的角度,以中职语文的教学大纲、课程内容为依据,明确具体地制定出各学期、各年级、各单元的素质教育目标,并使之成为有序有机的整体。还应围绕目标有计划、有步骤地安排好教学各环节,选择相应的教学方法。尤其是要注重学生的积累、感悟和品读,注重目标与方法的和谐统一。

三、知识能力并重,导学自学融合

应从学生的学情出发,将重心放在启发指导学生"学"上,教师在课堂上的任务不是"教"而是"导",是导学、导练、导思甚至导感,使教的过程真正变成学的过程,进而达到使学生学会求知、学会学习的目的。教师要把心思放在鼓励学生学习,帮助扫清学习障碍,激发学生学习兴趣,改进学生学习方法,引导学生感悟领会,培养学生创新意识等方面。在语文知识和语文能力训练过程中,应把着眼点放在提高学生综合素质上。在强调提高学生的口头表达能力、书面写作能力、阅读理解能力的同时,更应强调提高学生的思维能力、领悟能力和学习能力。

目前,中职学校为突出专业课教学,一般是"简化"文化课,语文课课时就相对减少了,而其实语文学科承担的任务并不轻,这是一对矛盾。要解决这一矛盾,除了教师课堂上精心导学外,还应加大指导自学的力度,着力培养学生自学习惯和自学能力。让学生自学最好做到以下几点:一要有明确的自学要求,绝对不能"放大羊"。二要保证学生有充分的自学时间,否则,便是一句空话,因为很多学生对语文是比较轻视的,而语文的自学程度深浅又不太容易衡量。三要重视激发自学兴趣,注意教会自学方法,重视培养自学习惯。"授之以鱼,不如授之以渔。"兴趣是最好的老师,方法可以提高学习效率,良好习惯养成者更易成功,

叶圣陶也说"教是为了不教"。四要有恰当的检查评估办法作保障。

四、改革评估考核办法,建立激励约束机制

考试办法和评估机制直接影响和制约着教学全过程。我们一定要改进现行考试办法,建立新的适合素质教育需要和中职学生实际的考核办法和激励机制。考核和评价学生的学科能力和素质,应坚持平时过程与最后结果相结合、课内与课外相结合、基础知识和基本技能相结合、卷面与实践相结合、笔试与口试相结合、校内与校外相结合,基础技能与个人特长相结合,做到多层次、多渠道、个性化、综合化、全方位地评价学生。

五、广泛开展第二课堂,注重学生社会实践

培养和提高人的素质,最根本的途径有两条:一是接受教育;二是自身实践。课内打基础,课外求发展。应使学生第二课堂活动与课内教学一样制度化、常态化、科学化、多样化。学校一定要给学生营造良好的第二课堂活动的环境,教师应精心备课,认真组织指导学生策划和开展好第二课堂活动,使课内与课外相结合、相互补充、相互促进。教师要树立大语文观念,生活化语文观念,构建开放性的语文课程结构体系,将语文和其他学科结合起来,语文教学与社会实际结合起来,通过有组织、有计划的社会实践,使学生学以致用,以用促学。第二课堂和社会实践不仅能调动学生学习兴趣,提高学生语文技能,而且对陶冶学生情操,开阔学生视野,增长学生才干,全面提高学生综合素质大有裨益!

总之,只要我们在语文教学实践中,大胆创新,勤于学习,善于思考、总结和归纳,一定可以很好地实现语文教学目标,在素质教育中发挥应有的作用。

中职语文教学中进行生命教育的实践与思考

我们生活在一个科技迅速发展、物质条件相对丰富的年代，然而在改变人们生活质量的同时，却也使现代人陷入了深深的精神迷茫之中，就连有些青少年也对很多有意义的事物表现出可怕的漠不关心和麻木不仁。更有一些学生对生命缺乏应有的珍惜和热爱，自杀或伤害他人事件、交通事故、吸毒……一幕幕惨剧令人触目惊心。血的教训告诉我们，教育学生珍惜生命，认识生命的本质，理解生命的意义，建立积极向上的人生观，已成为现代教育刻不容缓的事，生命教育迫在眉睫。

那么，如何在语文教学中渗透生命教育？

一、朗读——认识生命的意义

中职语文教材中有很多充满人性情感的作品，我们可以引导学生在朗读时充分解读领悟作品中的情感，从而认识到自己在家庭、亲人、同学、朋友中的重要性，继而重生、乐生，懂得感恩。感恩教育是所有一切有效教育的根基，也是我们德育教育的出发点与归宿点，同时也是生命教育的一个分支。我们可以利用语文课程中的各类素材，启迪生命意识，提高生命教育的认识。如《钢铁是怎样炼成的》一书中曾说过："人最宝贵的东西是生命，生命对人来说只有一次。因此，人的一生应当这样度过：当一个人回首往事时，不因虚度年华而悔恨，也不因碌碌无为而

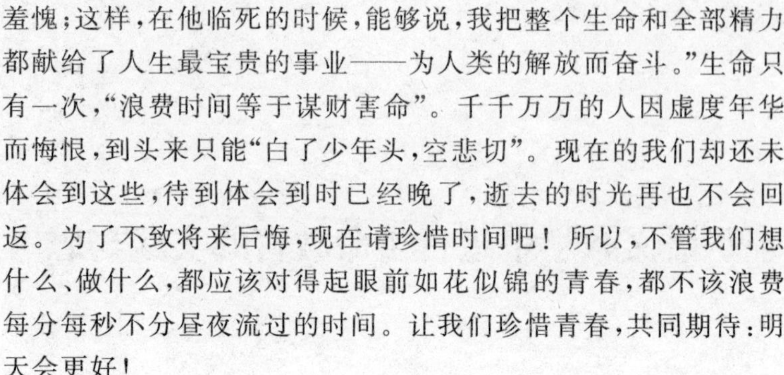

羞愧；这样，在他临死的时候，能够说，我把整个生命和全部精力都献给了人生最宝贵的事业——为人类的解放而奋斗。”生命只有一次，“浪费时间等于谋财害命”。千千万万的人因虚度年华而悔恨，到头来只能“白了少年头，空悲切”。现在的我们却还未体会到这些，待到体会到时已经晚了，逝去的时光再也不会回返。为了不致将来后悔，现在请珍惜时间吧！所以，不管我们想什么、做什么，都应该对得起眼前如花似锦的青春，都不该浪费每分每秒不分昼夜流过的时间。让我们珍惜青春，共同期待：明天会更好！

二、阅读——体验生命的价值

阅读是学生的个性化行为，品味是在阅读的基础上经过用心体会产生情感共鸣的过程。所以，语文教师可以指导学生阅读有关具有强烈生命意识的课外读物和有关生命知识的科普作品或影视作品。在阅读教学中采用不同方法进行生命教育。

读一本好书就好像和一个高尚的人谈话。让学生在放松的状态中去读书，无异于与作者生命的碰撞，在碰撞中激射出生命的火花，那是课堂上所无法达到的一种“水到渠成”的自我教育的状态。例如《蜡烛姑娘》这篇课文，它主要描写了蜡烛姑娘为了给一个病残的男孩带来光明和欢乐，不惜点燃自己，直至烛光熄灭，献出了自己的生命。课文内容比较简单，然而包含的中心思想却是十分深刻的：“活着就是为了让别人得到光明。”人的生命是有限的，但是人的精神品质却有着穿越时空的永恒魅力；生命的价值不是用尺来衡量的，而是用心来衡量的；人也可以像永不坠落的太阳一样，给人以温暖，给人以关怀。由此可见，教师在教学中不能仅仅局限于教材，要挖掘教材的深度，给学生充分展示自己能力的舞台，把思想教育融合在日常的语文教学中，使教学伸向更深的领域。

三、写作——提升生命的认识

习作教学是语文教学的重要组成部分，也是塑造学生心灵的重要途径。叶圣陶先生曾说："写文章不是生活的点缀和装饰，而是生活本身。"因此，在习作教学中，我们要时刻关注学生抒写的生命话题，通过对话式的交流，和学生一起探讨生命的含义。一篇作文就像一面镜子，它既能照出一个人的文采，也能折射出一个人的思想。在作文教学中引入生命问题的题材，可以促使学生思考生命问题，从中体会生命的伟大、生命的可贵、生命的可敬，体会生命的意义。我常在平时的作文教学和评讲中将生命教育的内容自然渗透进去，以期得到"润物细无声"的效果。

四、实践——感悟生命的价值

课外实践活动是学生体验生命成长的重要途径。通过开展有价值的实践活动，可让学生在活动中感悟生命的真谛。要充分利用学生的实践活动开展生命教育，让学生感悟生命的价值。在教学中，我们可以围绕一个概念，用多元的渠道，打开多扇窗户，达到高效学习。我们在实践活动中，可以带领学生观看一些和生命有关的视频资料，以引起学生对生命的思考。

如老舍在《我的母亲》一文中曾经说："我对一切人和事，都取和平的态度，把吃亏当作当然的。但是，在做人上，我有一定的宗旨和基本法则，什么事都可以将就，而不能超过自己画好的界限。我怕见生人，怕办杂事，怕出头露面；但是到了非我去不可的时候，我便不敢不去，正像我的母亲。从私塾到小学，我经历过起码有百位教师吧，其中有给我很大影响的，也有毫无影响的，但是我的真正的教师，把性格传给我的，是我的母亲。母亲并不识字，她给我的是生命的教育。"为此开展"生命的意义"的

主题讨论活动，让学生懂得生命的价值，能最大限度地发挥人的主观能动性，努力实现人生价值的最大化，让生活更幸福、生命更精彩。

泰戈尔说过："教育的目的应当是向人类传送生命的气息。"关注生命、培养生命意识是素质教育的要求，也是人本化教育的体现。生命中不只是永远快乐，也不是永远痛苦，快乐与痛苦是相生相成的。在快乐中我们要感谢生命，在痛苦中我们也要感谢生命。

总之，让我们走出语文教学的荒漠，走进学生的心灵，构建与实践语文的"生命"课堂，实现教与学的双赢。因此，语文教师的价值，就在于引导未成年的学生认真解读、正确剖析文本中的生命教育的内容，结合自己的切身感受或他人的人生经历，体会生命的可贵，培养他们积极乐观的人生态度，善待他人也善待自己，建立正确的生命观，努力塑造自我、完善自我，让自己的生命焕发出光彩，让自己今后的人生有意义。

语文教学中怎样渗透德育

工具性和人文性的统一是语文课程的基本特点，这就要求语文教师在传授知识的同时，教给学生学习方法、技巧和进行德育教育，也就是情感态度和价值观的教育。如何在语文教学中渗透德育教育，下面结合自己的教学实践，谈几点看法。

一、确定好德育教学目标

语文教学中应该尽量确定合适的情感目标，进行情感态度和价值观教育。以《项链》一课为例，阅读提示中只强调要学生认识虚荣心的危害，并通过小资产阶级妇女马蒂尔德的人生经历认识资本主义社会的罪恶，却不肯定女主人公的现实主义态度和她克服困难的勇气，而后者对学生更有真正的现实意义。那么，教师在备课过程中，为什么不有意识地把“现实主义态度和克服困难的勇气”作为德育目标确定下来呢？其实，授课中只需要稍加引导，学生就完全可以自己完成这一审美认识，并在一定程度上进行自我教育。这样，德育就不脱离学生实际，对学生的现在和将来都有重要意义。

二、注意根据文章内容分类，体现德育教学目标

课文都是文质兼美的文章，根据课文内容，指导学生了解中

华民族悠久的历史和丰富灿烂的文化，了解雄阔壮美的锦绣河山，了解华夏民族的智慧和创造力以及爱国主义的光荣传统等等，从而对学生进行爱国主义教育、社会主义教育、理想情操教育、审美教育等，以实现德育教育的要求。

各类散文、游记、访问记是对学生进行审美教育的最佳教材。如《洛阳诗韵》，抒发了作者对灿烂悠久的中华民族文化挚爱的感情。利用报告文学，可以对学生进行信念教育。如《汉堡港的变奏》，我们可以学习中国海员的工作感情、实干态度和爱国主义精神。以议论为主要表达方式的议论文、杂文等，可以培养学生正确灵活的思维方式，树立唯物主义观点。像《拿来主义》这篇文章，论点论据鲜明，论证思路清晰，可以让学生结合现实谈"送去"的危害和"拿来"的必要，谈今天的改革开放与"拿来""送去"的关系，不仅可以调动学生学习的积极性，训练学生逻辑推理能力，还可以使学生认识国际社会各国间的复杂关系，使学生认识到一个国家乃至一个人在处理与别国和他人关系时应遵循怎样的原则。古今中外的各类诗歌散文作品，不仅可以提高学生文学鉴赏水平，而且还可以培养学生高尚的审美情操和旷达的人生态度。比如《岳阳楼记》《念奴娇·赤壁怀古》《蜀相》等，都可以帮助学生树立正确的人生观、宇宙观，保持纯洁、自由的个性。小说、戏剧作品以特定的时空把学生带入到对社会、人生的思索之中，丰富学生的人生经历和情感体验，从而加深了学生对社会人生的认识。讲《项链》时，让学生认识在必然与偶然因素作用下生活中会出现许多不可预知的状况，我们必须勇敢地面对；讲《茶馆》的众生相，使学生认识社会的复杂和小人物生存的无奈。小说、戏剧教学可以生动地体现人文精神与科学精神的融合，是帮助语文教育实现从纯"工具"走向关注"人"的价值取向的根本转化的一个重要环节。

三、作文教学实现德育任务

“文如其人”“文学及人学”都是在讲“文”与“人”的关系，有什么样的“人”就有什么样的“文”。“巧妇难为无米之炊”，没有思想、没有经验、没有感情是写不出好文章的。没有内容的文章，语言再华丽也没有意义。因此，作文教学最好能不拘于时，不拘于行。只要学生在学习和生活中有想法、有感触都可以进行自主作文，这样，既可以完成作文教学的任务，又调动了学生作文的热情，容易写出真情实感，而且作文内容也比较充实，能真正达到学作训练的目的。学生作文完成后，教师要及时批改。在实践中，我总结出批改作文的经验，作文批改一定要包括两部分内容：一是对学生的作文在内容上和写作技巧上给予指导，二是和学生沟通思想和情感。我认为后者至关重要。因为写作本质上是某种情感的宣泄，它体现出学生的思想动态和情绪状况，抓住这个时机进行德育教育，一方面有利于学生作文水平的提高；另一方面也可以拉近师生距离，帮助营造良好的教学氛围。语文的人文内涵不只是体现在课文中，更体现在学生作为交际主体的接受与表达过程中；作文教学很好地实现了这一语文教育理念。但实际上，联系课文内容练笔还远远不够，因为教材中贴近学生内心感受和生活经验的内容实在太少，硬要使学生在作文中表现虚幻的成人世界和思想感情，只见文字不见性情，只见训练不见交际，在作文训练中是不可取的。所以，教师可借助各种媒体资源和网上资源，寻找中职生关注的社会问题，组织分析讨论。在这个过程中，教师可以把握平时不易窥见的学生的思想动态和情绪状况；也便于因势利导，帮助学生较为客观灵活地分析认识事物；同时给学生提供了一次展示自己个性和智慧的机会，既遵循了教育规律，又充分尊重了学生的情感和个性。

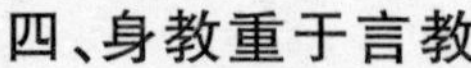

四、身教重于言教

教师的行为仪表也是实施德育的重要因素。一名优秀的教师如果具有较高的素质和修养，他体现在外的优雅气质乃至人格魅力可以胜过无数说教。学生在与教师接触的过程中，潜移默化地受到教师良好的感染。所以，作为一名教师必须不断加强学习，提高自身素质，牢记“学高为师，身正为范”，真正做到为人师表。

总之，只要我们教师本着以人文本的原则，把学生的发展视作教育的出发点和归宿，遵循因材施教和循序渐进原则实施德育教育，相信一定能取得良好效果，达到既教书又育人的目标。

浅谈语文教学中的情感教育

语文教学给予学生的不仅是语文知识及其技能，还应是潜移默化地培养他们良好的道德和高尚情操，让学生得到情感上的共鸣和美感的满足。语言教学始终都有着情感的存在，一刻也离不开情感，情感的培养是语文教学的重要任务，同时，它更是提高语文教学效率的重要手段。

语文教学如何进行情感教育？结合自己的教学实践，谈几点看法。

一、营造良好的课堂气氛

教师是情感调控的主导者，任何一堂高质量的课也都是教师情感的自然体现。胡适说："情感者，文学之灵魂，文学而无灵魂，如人之无魂，木偶而已。"作者赋予自己的作品以情感，写得动情，教师再教得动情，学生方能学得动情。教师能否情动于衷而形之于言，是否与作品发生情感共鸣，是否把自己的感情渗透到教学中去，能否以饱满的情绪去创造、鉴赏、分析的感情氛围，实在就是激发学生兴趣、点燃思维火花，从而使学生思想升华的关键。学生在心境良好、情感亢奋的状态下，往往思路开阔、思维敏捷，解决问题迅速；而心境低沉、情绪沮丧时，则思路狭窄、思维闭塞。所以在课堂教学中，教师要适度投入情感，以师生间精神与情感的融合交流为学生提供良好的学习环境，促使学生积极参与和学习。有了教师的情感投入，还必须有情感的释放，这就要借助教学语言，好的教学语言兼有演讲和艺术表演之美，它生动活泼，简洁深远，严谨又而富于情感。比如，讲授《都江堰》时，可以用饱满的感情、抒情的语调、明快的节奏介绍都江堰的独特价值，随着教师浓烈的情感、节奏明快的语言，学生一下子就进入了意境，神游于都江堰，这样就为学生理解语言营造了一个很好的氛围。可见，课堂上的情感投入是构成和促进师生之间“教”与“学”的桥梁和纽带。一个优秀的语文教师的课理应是一幅画、一首诗，使学生在短短的45分钟之内领悟真善美，从而达到创造性思维的飞跃。

二、挖掘情感因素

语文教材的课文多是文质兼美的中外名篇，字字句句都是作者心血的结晶，皆渗透着作者的情感。它为我们通过情感教育实现思想教育提供了很好的范本。由于语文教学渗透强烈的情感教育，因而对培养学生良好的情感品质有着得天独厚的条件。每一篇课文、每一堂教学可以说都是一个情感场。一篇文质兼美的文章情理并重，特别易于激发学生情感上的共鸣；一个个栩栩如生的文学形像更能拨动他们的心弦。香港作家黄河浪的《故乡的榕树》是一篇触景怀乡、回忆往事的抒情散文，感情真挚、语言质朴而又充满诗情。应该说，学生对课文的主旨、结构、语言等都不难理解。然而，掩卷沉思，课文所表现出来的那股浓浓的乡情，对于异地求学的中专生来说，是否会在心灵深处激起点点思乡的涟漪？基于此，教师可为学生提供一些词语，如“怀念”“镌刻”“留恋”“异乡”“故土”“乡愁”“慈母”“游子”等，让学生写短文《乡情》，同学们积极构思，完全沉浸在对童年生活的回忆，对故乡、亲人的亲切怀念之中。习作完成之后，同学们相互交流，推荐优秀习作在班上朗读。有位女生在朗读自己的习作时，眼角现了点点泪花，全班鸦雀无声，很显然，同学们被她那饱含情感的朗读深深打动了。至此作者情、作品情、学生情融合为一，情感教育的目的也就达到了。再看《与妻书》中林觉民绝笔：“仁者老吾老以及人之老，幼吾幼以及人之幼。吾充吾爱汝之心，助天下人爱其所爱，所以敢先汝而死，不顾汝也。汝体吾此心，于啼泣之余，亦以天下人为念，当亦牺牲吾身与汝身之福利，为天下人谋永福也。”这段话语惊天地、泣鬼神，其中爱国爱民爱妻之情溢于言表。联想到古今中外无数仁人志士“先天下之忧而忧，后天下之乐而乐”，有谁会不为革命者伟大的人格所震撼呢？毋庸置疑，挖掘教材内在的情感因素，在学词句篇的教学之中，能将文化教育和情感教育融于一体，那么春风化雨入心田是不难做到的。

三、课内向课外延伸

语文课堂教学与丰富的课外活动结合也是一种情感教育的方法。因此，我们要进一步解放思想，与时俱进，最大限度地拓宽语文学习的空间，向学生生活的各个领域开拓延展，把学生引到“水草最肥美”的地方，让他们自己去汲取营养。要把学生亲身的阅历融进对课文的理解，要把课堂学到的东西放到复杂的社会中去领会，这就需要超出狭小的课堂，扩大语文教学的空间。图书馆、阅览室、体育场、娱乐中心、德育教学基地以及农贸市场、风景名胜等，都应该成为学生主动求知、感悟生活的课堂。有条件的话，还可以开辟网上阅读，让五洲四海、风云波澜汇聚于学生眼前，培养学生开阔的胸襟。值得一提的是，课外情感教育也是在潜移默化中进行的，一篇时文赏析、一次诗歌朗诵、一次演讲比赛、一次社会调查、一个优秀毕业生演讲等都可以促进课堂教学，提高学生学习能动性，激发学生思维，陶冶学生情操。所以，语文课堂应该灵活，要搞丰富多彩的语文活动，让学生在活动中培养能力，净化心灵，感受情感。也应该多把课外的东西引入语文课堂，一些精美的时文，如《五次敲开微软之门》《请把

名牌还给我》《林海燕与500万》等都很不错，语文的外延等于生活，要用教材教，而不是教教材。

四、教之以情，激起共鸣

刘勰在《文心雕龙·知音》篇中说："缀文者情动而辞发，观文者披文以入情，沿波讨源，虽幽必显。"创作者之所以能"辞发"，在于"情动"，文章之所以"虽幽必显"，在于观文者的"入情"。刘勰在这里说明了"情"对于创作者和鉴赏者所起的重要作用，文章是心灵的产物，鉴赏一篇文章同样也需要用心灵去感悟，只有观赏者的心灵和创作者的心灵产生了沟通，乐其所乐，悲其所悲，才算读懂了一篇文章。所以说，在潜移默化上，在情感熏陶上，在对于学生思想产生影响上，语文课有着得天独厚的优势，如果语文课堂教学能做到"披文以入情"，以及"讲文以入情"，就一定能使学生在情感上得到认同并引起共鸣。这就跟演员演戏要进入角色是一样的，关键是如何使学生"进入角色"。

首先，讲究开讲艺术，营造课堂教学气氛。"新课导入"这一关尤其重要。上课伊始，学生的情感处于蛰伏状态，如何掀起学生情感波澜，促使学生进入最佳情境？实践证明，或渲染一种气氛，或创设一种情境，或播放一段乐曲，或朗诵一首诗，等等，均有良好效果。以讲授《拿来主义》为例。导语：作家冯骥才访问法国时，有一位记者问："尊敬的冯先生，贵国改革开放，学习西方资产阶级东西，你们就不担心变成资本主义吗?"冯先生回答："不！人吃了猪肉不会变成猪，人吃了牛肉不会变成牛。"他幽默机智的回答，博得满堂喝彩。是的，我们学习资本主义的东西，不会变成资本主义，同样，继承文化遗产时，只要坚持正确的原则，就一定能够成功，这个原则就是"拿来主义"。这样，激发了学生学习语文的兴趣，创设了和谐的课堂环境，在和谐的、美的情境中教与学，便会有意想不到收效。实践证明，好的开场白能使学生身临其境，心入其境，让文中所写景和事、人和物、情和意，猛烈叩击学生心扉，在学生心中产生共鸣，让学生跨越时空，激发兴趣，丰富想象，激活思维，受到情感熏陶。

其次，以读入情，以读入境，以读会心。掌握一定技巧、富有感情的朗读，能将学生引入意境，从而认识文章中反映的客观现实而受到教育。人们常说："只可意会，不可言传。"让学生去意会文章不可言传的入微之处，唤起激情，进入意境，就是凭借朗读来加强情感体验的，所以要求教师的示范朗读。

教师融之以情，读出感情，才能激起学生的感情。语文教材中有不少内容优美、语言生动的美文佳作，教学这样的文章，不宜把知识过于割裂，教学时可让学生从正确的语音、语调、节奏方面直接感受作品的内容，引起学生情感的共鸣，这样的美读使学生"耳醉其音""心醉其情"，从而在师生双方共同努力下，达到事半功倍之功效。如读苏东坡的《念奴娇·赤壁怀古》，能使人领略大自然所赋予人类的"乱石穿空，惊涛拍岸"的豪壮之美；读朱自清的《荷塘月色》，能让你陶醉在淡淡荷花的恬静之中。

教师应尊重学生的情感体验，引导学生善于继承，勇于创新，培养坚强意志，如读陆游的"山重水复疑无路，柳暗花明又一村"，就会领略这样的哲理：莫为曲折所困扰，勇敢前行，定会到达新的天地。在阅读教学中陶冶高尚情操，教育学生在各种境遇中磨砺自己，勇敢地面对逆境，冷静地面对顺境。在这个丰富的精神世界里唤醒、增强和丰富学生的情感体验。

五、启迪想象，引入意境

"语言艺术是不具备形象的物质形态，欣赏者凭感官直观不到任何形象，而需要通过语言符号在想象中感受艺术形象。"语言艺术具有表现性和再现性，表现和再现的桥梁是想象，这确实是一个很有难度的问题，需要教师精心设计，善于启迪。如果我们教师能用新的教学理念去启发想象力，引入意境，激发他们的求知欲，这正说明了教学达到了探究知识真谛、启迪心灵的崇高境界，那么如何引导呢？

首先，创设问题情境。教师在提问时要善于诱导学生产生一种解决问题的愿望，最好达到“一石激起千层浪”的目的，起码要收到“风乍起，吹皱一池春水”的效果。在解决问题时要引导学生进行类比、联想，以达到启发、开启心灵之效果。如在教学《林黛玉进贾府》的过程中，我就有意识地引导学生讨论宝黛初见时宝玉和黛玉的不同反应。学生通过讨论很快就会发现宝玉是“笑”，黛玉是“惊”。在学生发现的基础上我提出问题：这一“笑”一“惊”分别表现了人物内心的什么特点？这样，通过抓关键的词，进行比较，学生很容易就理解了宝玉的率直和黛玉寄人篱下的“步步留心，时时在意”。

其次，要适当设计一些多角度思维练习，强化训练学生的思维。培养学生创造性思维能力，达到情感升华的效果。在学习《祝福》时，有学生提了一个“如何看待祥林嫂抗婚”的问题。我按照一般书上说法，不假思索地说是受了封建礼教的“烈女不嫁二夫”思想的毒害。有同学当即站起来反驳：“老师这是牵强附会！难道对爱情的忠贞就一定是封建礼教吗？更何况祥林嫂还沉浸在刚刚失去丈夫的悲痛之中呢？”我肯定了这位同学的独特见解，同时阐明我们产生分歧的原因是对祥林嫂的情感立场不同：他是站在尊敬的立场，而我是站在同情的立场。同学们热情高涨起来，形成两派，进行讨论。在这样的基础上，我顺势提出这样几个问题：祥林嫂的婆婆有没有权力卖她？第二个丈夫死后，大伯有什么权力来收屋？鲁四老爷对祥林嫂的侮辱和迫害，靠的是什么？是不是只有祥林嫂才有这样的遭遇？通过这些问题的讨论，学生能了解旧社会套在劳动妇女身上的无形枷锁，对吃人的封建礼教也产生了无比的痛恨。

再次，把色彩和画面引入语文教学，引导学生心入其境。人的感受是一种积极主动、富有创造性的感性活动，它能够令人产生心旷神怡的美感，客观的刺激可以引发我们千变万化的情感产生。教授《都江堰》时，学生往往对都江堰缺少直观感受，如能在网上下载一些图片加以印证，让学生对画面想象，这样余秋雨笔下翻卷咆哮的壮景便可历历在目。文字是理智的，画面和色彩是情感的，用它们引导学生身临其境，心入其境，借助丰富想象，得到真切的情感体验。

总之，“披文以入情”，并进一步做到“讲文以入情”，以情营造教学氛围，以情再现课文形象、意境，以情朗读，以情激发学生创造性思维，是语文教学情感熏陶的良好途径。当然，语文教学情感熏陶实施途径还有很多。如能掌握教学艺术来加强情感教学，把课上得生动，让学生忍俊不禁，让学生心向往之，让学生真正感受到语文课应该是一首感人的诗，是一幅精美的画，是一曲动听的歌，只有这样，才能激起学生勤奋学习的热情，以达到发展智力、塑造灵魂、净化情感的目的，也只有这样，我们的语文教学才会百花齐放，春满人间。

总之，思想教育是语文教学的根本任务之一，而思想教育和情感往往是密不可分的，如果学生没得到应有的情感教育，那么，思想教育也就不能真正落到实处。“感人心者，莫先乎情。”在提倡素质教育的今天，语文情感教育显得尤为重要，语文教育一定要进行思想教育，要关注于学生思想感情的陶冶。

寓审美教育于语文教学中

语文既是培养语文能力的学科，又是培养情感的学科，语文教学过程就是进行审美教育的过程。尤其是在中等职业教育的语文学习中，学生的学习主动性与他们的情感需求、审美兴趣更是直接相关。因此，在语文教学中应着力培养学生的审美能力，让学生通过祖国的语言文字去发现美、领悟美、表达美，即把美育贯穿在整个语文教学中。

一、语文教学需要寓审美教育

"美感教育是一种情感教育。"任何一种健全的教育都不应当仅仅重视德育和智育而忽视审美教育。语文的学科特点也决定了语文教学中必须有审美教育。如果语文教学忽视了审美教育，就不能激发学生学习语文的兴趣，学生就会觉得语文枯燥无味。所以，语文教学中，必须做到把握美的特征，给学生一双寻美的慧眼，让学生学会感受美，欣赏美，乃至创造美。

二、语文教学中怎样进行审美教育

首先，帮助学生树立正确的审美观念。

现在的学生阅历浅，知识单一，对事物的鉴别能力比较差。他们既易受正确审美观念的影响，也易受错误的审美观念的侵蚀。所以，在语文教学中，教师有责任帮助他们消除不良的消极因素，树立健康积极的审美观念，培养他们鉴赏美的能力；帮助学生练就透过现象看本质的能力，剖析美的本质属性，了解美的现象与美的本质的关系，获得对美的正确认识和理解。比如在讲小说《项链》中的路瓦栽夫人时，通过对她的全面分析，使学生充分领会到作家在作品中的美学观点，路瓦栽夫人外表是美的，但她贪慕虚荣，孜孜以求物质享受，结果自己的青春都毁在了自己对于虚荣的追求之中，因而她的灵魂是空虚的，也就是丑的，是作者所摈弃的。

其次，在阅读中激发学生的审美情趣。

语文教材的作品多是情文并茂之作，语言优美，意境深远，这种美的意境具有直接性、可感性，荷塘月色的恬静淡雅、西子湖畔的温柔多情、长江三峡的雄奇险峻，虽不见其真貌，却在想象的空间里神游八极，在这种美的意境中体会到了大自然的迷人和神奇。

在教学中，教师应该充分发挥主导作用，根据美的特点，捕捉这种美的意境进行分析，描绘作品中的美丽画面，帮助学生打开心灵的窗户，在美的意境与学生思维之间架起一座桥梁，使他们感知美，热爱美，进而激发学生的审美情趣。如朱自清的《荷塘月色》就可以先从语言文字入手，即从看到的田田的叶子、白花、薄薄的青雾等，闻到的荷花的缕缕清香等片段，让学生头脑中浮现一个个美的印象，零碎地感知这些美的意境；然后再让学生把视觉、嗅觉等感觉综合起来，上升到审美知觉，从整体上感知对象美的深层含义。

最后，引导学生领略内涵之美。

文学作品中有很多或描写祖国的大好河山，或展示中华民族的传统美德，经过作家的提炼和升华，它们比现实生活更具典型性。作品中的主人公往往体现了作家的思想倾向和审美思想。人物形象的美都是内容与形式的统一，并侧重于内容。在分析人物形象时，不仅要感知人物外在形式的美，还要善于引导

学生发现作品中人物的精神美、性格美。通过这些内容的教学，启发学生思想，培养学生对美好生活的热爱的向往之情，激发他们追求和创造美好生活的热情。

例如《荷花淀》中写水生嫂在月下编席："不久在她身子下面，就编成了一大片。她像坐在一片洁白的雪地上，也像坐在一片洁白的云彩上。"作者给我们描绘的是一派祥和恬静的水乡风光，正在编席的水生嫂与明月、清风、雾霭、荷香等优美的自然景色融为一体，形成了一个美的意境。当她得知丈夫已报名参军，明天要到大部队去的消息时，她那灵巧的手竟震动了一下，手被划破了。但她却默默地"将手指放在嘴里吮了一下"，这个细微的动作细腻而真实地揭示了水生嫂缠绵复杂的内心世界，她深爱自己的丈夫，不愿与之离别，但她又深明大义，理解和支持丈夫的选择。夫妻话别，虽是极普通的家常话，却字字千斤，让我们感到在祖国和民族危亡的关键时刻，这些普普通通、纯真善良的白洋淀军民把对亲人，对家乡的爱升华到与祖国命运生死与共的境地。他们的爱早已超越了自我，倾注给了饱受日寇铁蹄践踏的家乡，倾注给了亟待民族解放的祖国。学生在学习《荷花淀》的过程中，他们常常会说被白洋淀英雄儿女们的英雄气概和献身精神所打动，它给我们的是最生动形象的美感教育。学生和作者的情感产生了共鸣，从而激发起学生热爱我们的民族和国家，树立远大理想的热情。

语文教学中怎样实践创新思想

教育是培养人才和增强民族创新能力的基础。作为一名语文教师，就如何自觉地实践创新思想，结合自己的教学实践，谈几点想法。

一、由注重知识的传授转向注重创新精神和创新能力的培养

一是激趣创境，培养学生创新精神。兴趣是最好的老师，没有兴趣就没有智慧的灵感。激发学生学习的兴趣，是培养学生创新精神和能力的起点。创新能力最终必须落实到学生的思维方式和思考能力上，表现为一种积极主动的学习兴趣。创新精神和创新能力的培养还需要有宽松的创新氛围，这要求教师在教学中要树立一种师生平等的新观念，树立学生自信的意识，学生任何一点富有创新精神的新观念、新设想、新见解、新意图、新方法、新做法和新思路，哪怕觉得出格、可笑甚至荒诞，也绝对不能够嘲笑、讥讽和挖苦。作为教师，要鼓励学生及时捕捉思维萤火，珍视和呵护学生的创意，并且及时做出积极反馈，使之得以强化。

二是加强创造性思维训练，努力提高学生的创新能力。创新能力最终必须落实到学生的思维方式和思维能力上，所以，学生创新能力的培养和提高主要是从创造性思维训练入手。在训

练中要全面抓好形象思维、抽象思维、灵感思维、直觉思维等训练。只有这些思维训练落实了，创造性思维训练才有基础和前提，否则，创造性思维训练就是空中楼阁。这些思维训练应该结合课本有计划、有步骤地进行。如记叙文、文学作品的教学，可侧重形象思维的训练；议论文的教学，可侧重抽象思维的训练；在形象思维和抽象思维的训练中，可伺机进行灵感思维和直觉思维的训练。扩散思维能突破现有知识圈的约束，或克服固定性的功能障碍，由已知信息产生新的信息，使学生得到新的认识或新的看法，从而达到创新的目的。在语文教学中通过系统扩散思维训练，就会形成学生思维的广阔性、深刻性、逻辑性、敏捷性、灵活性、批判性、独创性等良好的品质。心理学家吉尔福特认为，一个人创新能力的大小，主要决定于其创造性思维品质的好坏。良好的创造性思维品质一旦形成，学生就会有不竭的创新动力。

二、由重教法转向重学法，培养学生语文自我学习发展能力

全国特级教师魏书生长期在全国作报告，两个班的课照教，班主任照当，校长照当，所教学生成绩优异，学校管理井井有条，其根本原因是他教学生的不单纯是知识，而最主要的是科学的学习方法。稍加留心便不难发现，像钱梦龙、于漪等名家都有一个共同点，就是注意培养学生的语文自学能力，培养学生具有终身学习的能力。一个人掌握的知识是极其有限的，但掌握了方法，就可以随时捕捉所需的知识。所以，教学过程中要充分发挥学生学习主体的作用，把在教学过程中有中心地位、知识权威的教师变成学生学习的设计者、指导者和合作伙伴，学生要成为知识的建构者。要增强学生的自学实践，培养学生疑难要自决、是非要自辨、困难要自克、高精要自探的精神和能力，并以自学实践为桥梁，使学生将所学知识转化为能力。同时，教师还应给学

生介绍一些常用工具书的用途及使用方法以及一些重要文献的检索的方法。现在的学生都不太重视工具书的使用，这和老师的引导有很大的关系，其实，工具书是很好的一位“老师”。

三、传统的重讲转向重练，培养学生语文实践技能

要彻底摆脱以教师为中心、课堂为中心、知识为中心、语文为中心的羁绊，树立以学生为主体、教师为主导、训练为主线的现代语文教学理念，在整个语文教学过程中要突出强化学生的实践技能训练，这是应用型人才培养最有效的教学方法，也是语文能力形成的必由之路和捷径。人们常说语文学习需要多读、多看、多说，正是说明语文实践在语文学习中的作用。凡认为只有专业课才需要实践技能训练的观点是错误的。

由于语文能力的形成是需要综合的、长期的效应，每项能力形成都需要相当的训练量，所以教师在整个教学中要尽量少讲、精讲，让学生有时间多看、多想、多练，切实提高动手、动口、动脑的实践能力。我在应用文教学中，每上完一节课，就引导学生在学习和生活中进行实际应用，收到了良好效果。例如，学了日记的写法，可以叙写自己或老师、师傅一天的工作生活，可以描写在实习过程中所见到的最优秀的员工，可以说明一个螺丝的制作程序，可以谈谈实习见闻和感想；学了计划和总结的写法，不妨制定学习计划或实习计划，总结学习实习得失；学了感谢信的写法，就给自己的家长、老师或师傅写一封；学了新闻的写法，就学着报道一些优秀学生、优秀员工的感人事迹。

四、由注重知识的单一检测转向有效的能力考核

我们的教学以实用、可操作为目的。因此，衡量成绩的优劣，应关注学生的实际运用知识的能力，而不是传统的以语文基础知识为主的一次性考试来定论。从具体方法上来说，可把笔

试、口试结合起来，笔试考阅读、写作能力，口试考普通话及口语交际能力；把闭卷、开卷结合起来，闭卷考记忆性的知识，开卷主要考运用知识解决问题的能力；把平时考查、定期考核结合起来，要把学生平时在各项活动中的成绩，如作文、演讲比赛，在报刊上发表的豆腐块文章，给予加分或免试该项考核；把语文考试与语文素质考核结合起来。总之，要增强考试的科学性、导向性、实效性，使之有效地为培养和提高学生的能力和综合素质服务，并以此推动学生创新能力的培养。

如何在语文教学中培养学生的求异思维

教书育人是教师的基本任务，作为语文教师绝不能把语文定位成工具课而忽视它的人文性，语文课必须解放学生的思想，培养学生的求异思维。下面，结合自己的教学实践谈五点看法。

一、教师示范

要想引导学生独立思考、具有求异思维，教师的示范作用不容忽视，如果教师自己是个手捧教参，奉之若《圣经》，照本宣科的人，怎么去要求学生求新求异呢？所以，我平时很重视对学生新思潮的关注，注重从多角度而非单一地讲解课内外知识。教师应该是学者型的教师，课堂讲的不是一本书，而是与之相关的十本书、百本书的精华，这种旁征博览，会使教师发挥榜样与示范的作用，对学生产生很大的影响。例如《阿Q正传》艺术描写中参加革命往往被正面夸大，而在原作中用大量篇幅加以表现人的精神弱点，常被降到一个次要层次。其实鲁迅的深刻之处正在于将阿Q作为一个“个体生命”的存在加以全面审视。他几乎面临“人”所有的生存困境：生存欲求不能获得满足、无家可归、死亡的恐惧等，而他的一切努力挣扎，包括投奔革命，都不免是一次绝望的轮回。而对挣扎无望的困境，精神胜利法成了一种无可非议的选择，但也正是这种选择使他陷入了更加绝望的深渊，阿Q的悲剧性其实正体现在这里。这样，我们就可以跳

出教材之外，从更高、更全面的角度去审视作品。文学的审美功能、教育价值也得到更充分的体现。

二、巧妙提问

比如作为一个单一的个体，每个人的审美趋向、价值观必然千差万别，不能统而划一，所以应巧妙提问学生，引导学生独立思考。《石钟山记》教学重点本是词语及“石钟山”得名的由来，赞扬作者亲自“目见所闻”不凭主观臆断的认知方式。当所有教学内容都进行完毕之后，我问学生：“作者苏轼为什么不在白天看得清楚的时候去探访石钟山，反而偏偏夜泊绝壁下呢?”问题一出，同学们开始讨论起来，有的说是客观条件中时间的限制，有的说是为夸张探求真理的艰苦，有的说是与月亮的潮汐有关。我借机和学生研讨有关潮汐的知识。石钟山是形如覆钟的一个空壳，只有夜间潮来，水涨到一定程度，才会“涵淡澎湃”“声如洪钟”。语文课是一门杂学，包罗万象，语文教师也应是一个杂家，两耳不闻窗外事是行不通的。

三、善于引导

“文似看山不喜平。”老师在课堂上也应使用一些技巧，使教学过程纵横捭阖。《守财奴》一文，最后巴尔扎克说：“这最后一句证明基督教应该是守财奴的宗教。”这与前文中他所塑造葛朗台太太这个恬退隐忍的纯洁的基督羔羊，寄希望于宗教救世，表面上看很矛盾，如何理解？我在讲课过程中故意埋下伏笔，伏下未表。上完整堂课后，才提问学生。学生们经过思考和讨论，有的说这是巴尔扎克的一种调侃幽默，有的说这表现了道德、宗教感化的苍白无力，有的说这是作者从宗教欺骗的本质对宗教救世论提出批判，有的说理想与现实的矛盾，让读者对社会和人生重新审视。这样一引导，学生在思想上获得的收益就绝不限于一文一事了。

四、鼓励学生

教师应鼓励学生自己学习，毕竟学校教育是一个早晚要结束的过程，学习则是终身的事业，作为教师应该让学生学会自学，让学生由被动学习变为主动学习。一些单元的文章，教师可以只讲一至两篇，引导学生赏析品味，展示分析思路、角度和技巧，为学生做好示范，其余的文章完全可以交给学生自己处理。可以通过查阅资料，让学生了解作者的出身、爱好、性格，了解本文的背景，所要表达的意旨等等。同时，可以让学生说说词语的意思，说说文章的意境和文章的表达技巧等。这样，学生肯定会表现出良好的求知欲，对文本的印象也定会十分深刻。

五、建立和谐的师生关系

学生学习的好坏在很大程度上取决于教师在学生心目中的位置，学生能否主动参与教学，建立和谐的师生关系显得尤为重要。教师应该努力改善与学生的关系，改变那种教师教、学生学的枯燥的教学模式，改变教师只重文化知识传授而忽略人格教育的情况，应使学生有一个健康的人格，促进学生整体素质的提高。这样才能有效地激发学生强烈的学习欲望。

总之，作为语文教师，培养出来的学生应该是有审美情趣、思辨能力，重视精神世界，会生活，会生存的人。必须尊重每个人作为个体的个性，尊重人的认知规律。只有让学生拥有丰富的精神空间之后，才能按照自己的愿望去发现学习。语文课作为一门最人文化的课，应该说最容易拓展思想，放飞思维。只要我们不断努力，一定能够培养学生的求异思维，培养学生的创新精神，达到我们教书育人的目的。

谈谈大众文化对语文教学的影响

大众文化，顾名思义，主要是指与当代大工业生产密切相关，并且以工业化大批量生产、复制并消费的文化商品。在大众文化中，通俗歌曲、音像制品、影视剧、畅销小说、各种形式的广告等构成了它的内容，与传统的文化相比，大众文化更易进入普通百姓的生活，更容易被人们所接受。可以说，大众文化在我们的日常生活中无处不在，它正在改变我们的生活和学习方式。

一、大众文化已经影响语文教学

首先，表现在对学生课余生活的影响上。几乎所有的学生业余时间都上过网，都痴迷于一些大众文化的课外书，都哼唱过流行歌曲。这种痴迷不是简单的课余爱好，不是纯粹的娱乐消遣，而是一种不见于课程表却更重要的课程。在大众文化的强大攻势下，虽有教师和家长在为学校这个传统教育做苦苦支撑，但也只能保证学生在45分钟内精力集中，而课后依旧迷恋网络、通俗歌曲等。大众文化已经无可辩驳地成为继学校教育之后影响学生身心健康的又一大因素。

其次，表现在对学生人格的形成产生的影响上。任何新生事物的出现，它所产生的作用都有双重性，即积极方面和消极方面，大众文化也不例外。从积极方面来说，它的出现，无疑丰富了学生的课余生活，学生可以在学习之余尽享轻松与快乐，他们课下玩够了，在课堂上才不会分散精力，从而养成了良好的学习习惯。更重要的是，在大众文化诸多内容中，也不乏教育精品，如电视公益广告、报刊上的一些小品文、流行歌曲等。这些文化形式经过制作者的精心策划，把一些优秀的人格精华融入其中，通过轻松幽默、通俗易懂的形式呈现给学生，让学生在轻松和快乐中受到人格上的熏陶。从消极方面看，一些商家为了追求更大的经济利益，不惜一切手段，制作了一些品位低下、庸俗不堪的文化形式，如色情小说、三级片等，这些文化垃圾影响了学生的身心健康，严重的还使他们走向犯罪的道路。另外，一些好的文化形式，学生虽从中学到一些东西，但一旦过分地迷恋也会对他们产生不利影响。

再次，还表现在教师的教学观念上。一方面，大众文化对学生的学习生活产生的影响已引起了教师的注意，但学生对这些文化形式的兴趣却有增无减，这说明大众文化有它自身存在的价值。既然有价值，就应去研究它利用它。如何才能在语文教学中贯穿学生喜闻乐见的大众文化形式呢？这不仅仅是教学方法转变的问题，更是教育观念更新的问题。另一方面，大众文化已成为当今意识形态的主流，语文教师的思想应该是敏锐的、与时俱进的，语文教学应该如实地反映现实生活，及时把握当代文化的动态与主流，这样，才能体现和落实“语文就是生活”的大语文教学观。

二、正确面对大众文化

大众文化凭着自身的巨大魅力以摧枯拉朽之势，席卷了整个社会，对学生、教师都产生了巨大影响。作为语文教师，如何正确地面对大众文化，是我们面临的新课题。要一分为二地对待大众文化。与传统文化相比，它作为新生事物，对社会的进步、经济的发展和文化的繁荣，都有着巨大的促进作用。但是，也要看到它产生的负面影响。所以，我们要对它进行“扬弃”，让

它更好地服务于我们的语文教学。如对一些经典的广告语进行评价，对电视剧中所反映的社会现实进行理性反思，对一些精美的小品文、电视散文进行赏析，甚至可以把一些相声小品搬到我们的课堂中来。这样，我们的语文教学就会变得丰富多彩、生动活泼，学生们也可以在轻松愉快的氛围中学到知识，受到教育。

在教材的运用上，语文教材所选的文章在很大程度上更注意知识性和思想性，趣味性稍差。语文是否有吸引力，能否调动学生积极主动地参与，教学是关键。所以，可以将一些富有时代气息、贴近现实生活、符合学生审美情趣的文章及时地融入语文课堂，满足学生对知识的渴求。比如，“诚信”方面的可以将《林海燕放弃500万》纳入课堂，“自尊”方面可以把《请把名片还给我》加入课堂，“自强不息”方面可以增加《五次敲开微软之门》一文。

还要善于把握学生的心理发展特点。随着学生在生理上的日渐成熟，知识面不断扩大，接受外界事物的能力逐渐增强，也有了自己的独立见解和判断能力，对新生事物充满好奇心，而自身又缺乏自制力，一旦迷上某种东西就难以自拔。我们需要做的就是要正确引导学生。

总之，大众文化对语文强有力的冲击，使传统语文没有了“围墙”。对于大众文化，我们不要害怕，更不要拒绝，只有大胆地把大众文化那丰富多彩的内容和形式引入到语文教学中来，我们的语文教学才会大放异彩，取得更好的效果。

职校语文应该学以致用

职校语文教学是职校课程的一个组成部分，职校语文教学大纲旗帜鲜明地把注重基础、强化能力、学以致用当成基本任务和主攻方向。

一、让学生自信

职业学校学生语文基础相对薄弱，职校生在此前的求学过程中一向被视为差生而备受冷落，自卑意识较为强烈，这是现实。我们应该把职教课堂教学的舞台最大限度地让给学生，使学生从中获得“寸有所长”的情感体验，得到心理满足，以获取自信和力量去追求属于自己的成功。当然，这种让位不是以教师的撒手不管为代价的，而是在“学生是教育主体”的框架内，通过“学以致用”这一训练的桥梁，达到主导作用与主体地位的和谐统一。教学活动要有学生的参与，教学内容必须内化为学生的知识、能力和性格，教育功能最终要体现在学生身上。无视学生的教育不是成功的教育。

基于这一认识，我在教学实践中既着重教育学生正视不足，夯实基础，又鼓励他们学以致用，敢于创造。我曾在学生入学之初，进行过以了解学生思想动态为目的的作文训练，面对《当我走进职校的时候》这一作文题目，不少学生能够从国家经济建设的宏观需求和家乡的现实需要以及自己的兴趣、特长、爱好、志

愿出发，写出自己的真情实感；也有一些学生自惭自己成绩不好，流落职校，觉得无颜见人。针对学生作文中的不同情况，我在作文讲评课上让学生相互交流，畅所欲言，并把马克思中学毕业时论文《青年在选择职业时的考虑》印发给他们，以启迪他们高山仰止的兴趣；给他们讲国家建设对人才需求的多层次性和职业学校毕业生走向社会以后，身有报国之技、富民之能一样有出息、有建树的真人真事，以树立他们的专业意识；我还引导他们联系初中学过的《谈骨气》一文，鼓励他们把个人价值与社会需要结合起来，做一个有骨气的"四有"新人，而不是一个怨天尤人的可怜虫。通过作文讲评课上的讨论，多数同学从思想深处想通了，不再对自己上职校心存偏见，个别一时转化不了的学生也在以后拨动心弦的教育教学中受到感化，提高了思想认识，纠正了自己思维上的偏见和失误，愉快地融入了职业学校的大家庭。

三、语文能力训练到位

在十几年的教学实践中，我发现很多学生语感迟钝，阅读与听说训练不到位。调查研究后证明，我的发现这不是个别现象。在职教语文教学中，较为普遍的存在着课文教读同作文训练、说话训练相脱节的弊端，致使相当多的学生在作文与说话时，有较大的随意性、盲目性，言不及义、语无伦次的现象比比皆是，严重影响了学生表达水平的提高。为培养学生语感和听说读写基本能力，我建立了一套语感训练的常规模式：感受语言，触发语感；品味语言，领悟语感；实践语言，习得语感；积累语言，积淀语感。设置几种课型：语言教读品味课，语言基础训练课，语感能力测试课。运用多种方法：诵读感染法、揣摩法、语境创设法等等。全方位多角度强化学生语感。学习朱自清的《荷塘月色》，有一个文眼"颇不宁静"，我引导学生品味其中的凝重情感和深厚意蕴，使学生领悟到看似平淡的短语中，浓缩着作者的哀愁和无比愤怒。通过这样的品味，学生不但明白此处写得好，更明白好在哪里。

我十分注重书面语言实践课和口头语言实践课，经过两年坚持不懈的学以致用的语感训练，我的学生都能比较自如地运用书面语言和口头语言完成训练任务。

四、注重知识运用

在职校语文教学中充分发挥教师的主导作用和学生的主体性，通过学以致用的训练习得，培养自学能力，提高综合素质，天高地阔，任重道远。我们许多同行的语文教学基本上还停留在学科知识和技能的传授这一层面上，忽视了知识的应用。教学中只有重视知识的应用，才能实现能力的培养、素质的提高。从另一个角度说，学生能应用所掌握的知识能独立解决问题，获取新知，这本身就是一种创造、一种高素质的表现。职教语文教学要彻底走出困境，执教于斯的语文教师必须解放思想，转变观念，从职教生的实际出发充分认识“语文学习与生活的外延相等”这一事实，自觉树立“大语文观”，让语文教学走进生活，走出一条注重基础、强化能力、学以致用、提高素质的新路子，让语文学习的绿树在应用的沃土中焕发出蓬勃的活力。

总之，“授之以鱼，不如授之以渔”。教师能教会学生的知识毕竟是有限的，学生只有学会自学，学会学以致用，才能在今后社会中立足，才会走上更高的层次。

构建充满生活化的语文课堂

传统语文课堂教学存在着教学模式僵化、教学手段呆板、脱离生活实际的弊端，学习成为学生负担，厌烦学习成为学生通病。如何构建充满生命力的语文课堂，让学生成为课堂的主人呢？我认为应将语文教学与生活紧密联系在一起。

一、创设生活化的课堂教学氛围

心理学认为：人只有在和谐、民主、平等的环境中才能思路开阔，弘扬个性。我们应该在课堂中自始至终创设一个优良的宽松环境，给学生以心理安全和精神鼓励，把学生参与学习的积极性调动起来，自信心确立起来。教育家乌申斯基说过："学生是用形象、声音、色彩和感觉思维的。"教师要有意识地创设教育情境，把课文所描绘的客观情景和现象生动形象地展现在学生面前，使学生身临其境，再联系已有的生活经验，去体验，去感悟。所以模拟生活化的课堂环境，可以使学生在轻松愉快的生活场景中交流思想，表达感情。

二、采用生活化的课堂教学内容

回归生活，加强课堂教学与生活的联系，是新一轮课程改革的基本理念之一。如何实现教学内容的生活化呢？一是突出实用内容，凸显职业特色。二是重视课外阅读，积累生活经验。三是唤醒生活经验，引导探索新知识。作业除有巩固课内知识、技能的功能外，还要社会化、生活化，而不只是机械地操练。通过作业这一手段，引导学生走出学校，走向社会，走进生活。

三、创新教学活动模式

学生的知识是自己学到的，而不是老师灌进去的，学生的能力、品德也是自己炼出来的，而不是老师教会的。现实中我们许多教师普遍存在的最大毛病，恰恰就是强行灌输。有些老师非要把那点知识掰开揉碎了“喂给”学生，这让许多学生在听课时不主动思考，于是就出现注意涣散、感到无聊和厌倦的现象。这个时候如果老师再给予批评指责，就很容易让一些学生失去对学习的兴趣，这就是过度教育引起的负效应。相反，如果采用“讨论式”“启发式”和“自主式”等多种教学方法，往往能充分发挥学生在教学中的主体作用，激发学生的学习兴趣。

四、让学生体验成功

教师要善于把握时机对学生学习过程中的成功给予充分的欣赏和激励，让学生充分感受到一份成功的自豪感和愉悦感。我们要更多地把评价活动当作是为学生提供了一个自我展示的平台，鼓励学生不寻常的回答，鼓励学生大胆想象，鼓励学生在交流活动中发现问题、提出问题、解决问题。让学生在体验成功快乐的同时，积淀参与学习、超越自我的信心，最有效、最大限度地开发学生的潜能，使学生良好个性得到充分的展示。

生活之中时时处处皆学问，因此，我们应当具备一双慧眼，寻找生活与语文教学的结合点，让生活成为学生学习的教材。

让职校语文教学“活”起来

中职教育中的语文学科在培育各专业人才中发挥着基础性作用。其基本任务是继续培养学生运用祖国语言文字的能力，提高学生分析问题的能力和口语交际的能力，逐步树立科学的世界观和人生观。然而在实际中，职教语文教学的现状却与语文学科的重要性不相适应，存在着“教师难教，学生厌学”的现象。每每一堂语文课，教师讲得口干舌燥，学生却听得一头雾水。要改变这种现状，职教的语文教学必须紧扣学生特点，制定合理的教学对策，把好学业、求职两条脉，从学生心理需要着眼，从学生就业取向实际出发，搞活语文教学，让学生在语文教学实践活动中，重新树起学习语文的兴趣和信心。

一、倾注更多情感，构建“以生为本”的课堂教学模式

心理学家威廉·杰姆士曾指出：“在人的所有情绪中，最渴望的莫过于被人重视。”职业学校的学生有着比普教学生更强烈的自尊心，他们在经历升学的挫折后，心里易产生自卑感，特别希望被别人重视。教师如果能够真诚的对待学生，在教学中注入积极的情感因素，温暖学生、尊重学生，就可以消除学生的一些心理障碍，使心理冲突受到有效的遏制。课堂教学过程其实是学生与作者、学生与老师、学生与学生之间感情互相交流的过程，我们要认清自己的角色，尊重每一个学生，师生关系应亦师

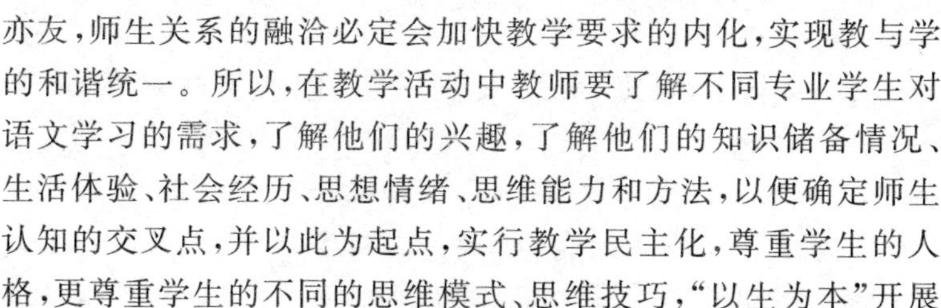

亦友，师生关系的融洽必定会加快教学要求的内化，实现教与学的和谐统一。所以，在教学活动中教师要了解不同专业学生对语文学习的需求，了解他们的兴趣，了解他们的知识储备情况、生活体验、社会经历、思想情绪、思维能力和方法，以便确定师生认知的交叉点，并以此为起点，实行教学民主化，尊重学生的人格，更尊重学生的不同的思维模式、思维技巧，“以生为本”开展教学。

二、把握时机，善于启发诱导，发挥学生的主体性

孔子说“不悱不启，不愤不发”，就是强调对学生施教的时机问题。要切忌在学生的“困惑”尚未形成时讲。学生的“困惑”一旦形成，就会产生强烈的求知欲。教师要注意培养学生的问题意识及怀疑精神，以问题为纽带进行施教，教学过程以激发学生产生问题开始，以产生新的问题终结，形成解决问题的意识、习惯和能力。关键在于提什么样的问题。首先，教师提出的问题要具有挑战性，要避免问得浅白直露。其次，要问在要害处。一是在教学内容关键处设问，让学生弄懂这个问题，其他迎刃而解。如在教郁达夫先生的散文《故都的秋》时，讲到第 12 段关于故都的秋的议论时，可设置如下问题：(1)本段的中心句是哪句？(2)本段的落脚点是哪句？(3)前面已描绘了关于故都之秋的五幅画面，为什么还要插入这样一段议论？学生把这些问题搞清楚了，全文的主旨、描写与议论的关系，本文的文化氛围等就弄清楚了。二是在包含丰富智力因素与思想教育因素的知识处设问。三是在学生认识矛盾的焦点处设问，启发学生正确把握分析问题的方向，找到认识问题的钥匙。

好的问题固然可由教师提出，但若能培养学生自己发现和提出问题的能力，其教育和智力开发价值更大，老师鼓励学生提出问题，就是鼓励学生在研究中学习、在探索中学习，让学生参与到课堂教学中，真正做到以学生为主体来培养创新型人才。

三、要降低难度，强化实例效应，以激发学生的学习兴趣

就职教语文学习来讲，听说是读写的基础，也是读写的反映；阅读是写作的基础，赏析是理解的发展，是高一级的阅读能力，写作与鉴赏又是听说读的反映。写，不仅有写作问题，还有一个写字问题。文学，具有审美、认识、教育三大社会功能；文学又是“语言的艺术”，是进行口头语言和书面语言训练的好材料。而目前的现状是学生大部分是从初中甚至小学开始就落伍的，其基础水平很低。教学中要合理控制教学进度，本着“浅、慢、粗”的原则，由简到繁、由易到难、由具体到抽象，减少难度，降低坡度，循序渐进地教学。职教语文教学以实用为基础，不像专业技术课可以“举一（例题）反三（实践）”“举少胜多”。而语文学习是在巨大数量的语文例子的反复刺激下，才点点滴滴地有所进步。常常是“举十反三”“举多胜少”，因此，数量的巨大、例子的极大丰富才是形成语文能力的最首要的条件。教学中应指明职专语文学习特殊而具体的目标，要求学生掌握、运用一定数量的词汇，会说基本的交际口语，会选择能表达真情的话赞赏别人，如摘录名言警句、格言俗语、寓言故事、成语典故、楹联诗词，举办“一字师”故事会、名著欣赏会、情景对话赛等；会写一些常用应用文，如请假条、留言条、通知、介绍等使其感到成功的喜悦，获得激励，产生学习和实际运用的兴趣。

四、转变教学观，开展实践活动，以提高学生的语文水平

知识源于生活，教学要达到最佳效果，我们就必须充分考虑到学生身心发展的特点，广泛、深入地结合学生的生活实际。旧的教学观可以概括为“我教，你学；我讲，你听；我出题考试，你死记硬背”。脱离学生实际，只要求学生死记硬背，求得高分。新

的教学观则要求教师要教会学生学，“授之以鱼，不如授之以渔”，在由学生、教师、学科对象三方组成的教学活动中，学生不是被动的灌输对象，而是对于学科对象的主动自觉的求知者和探索者。语文学科就是在教师指导下的学生自己的语文实践活动课。教师的职责是因势利导、从旁协助，而不是越俎代庖、包打天下。根据职校学生好动爱玩的特点，我们可以把语文课变成表演课、朗读比赛课、演讲课、讨论课。激发学生对语文学习的兴趣，让学生们在活动中提高语文运用的能力。比如，在教《项链》一课时，我要求同学们自由组合，建成一个个演出小组，课余排练，上课汇报演出。学生要想演好角色，就必须熟悉课文，了解时代背景，切身体会角色的内心世界，从而理解人物个性，理解作品的魅力。对于一些抒情散文，则可采取朗读比赛的方法，促进学生对文章深层含义的理解。应用文因为比较枯燥乏味，一直是同学们最怕上、老师也最怕讲的一类文章，在讲这一类的文章时，教师完全可以通过设置情境来调动学生学习的兴趣。比如在讲应聘信写作时，我在班上进行模拟招聘。同学们为了在招聘时一显身手，纷纷开动脑筋，找资料、请老师同学帮助修改、同学间试演等，忙得不亦乐乎。这样，学生不仅学会了写一般的应聘信，还进行了相关知识的学习或运用。学生的新知旧学、实践能力在无形中都得到了锻炼。

五、转变评价标准，适时鼓励肯定，坚定学生的自信心

旧的“质量观”，“只认分数不认人”，“一张试卷定终身”，单凭书面考试分数来反映教学的效果，单凭知识或单一技能断定教学质量，而忽视了人的德、智、体、美、劳等诸多方面的整体素质。职校学生因学业上的挫折，自卑感较强，常轻视自己，较低地评价自己，易产生学习焦虑、学校恐惧症和人际关系紧张等各种心理障碍，他们很需要教师给予积极评价。因此，在教学中，我们要多给他们提供表现的机会，提炼优点，及时予以鼓励和表

扬。让他们感到自己的创造被人理解，被人重视；自己有自由表达见解的机会，有充分展示创造才能的时间和空间。与之相应，我们评价人才的标准也应该做出较大的改变，使用学分制，把学生的课堂上的表现和课下的表现结合起来，多方考查学生的知识和能力，考查学生的听说读写能力、表现力、参与力、竞争力，还要考查学生个体发展状况、遵纪守法观念和道德情操水准等。人无全才，人人有才，让学生认识到自身的优点，坚定学生的自信心，完善学生的人格，从而为学生的发展奠定基础。

总之，要发挥语文学科在职教中的基础作用，改变学生轻视语文、不善于学习语文的现状，就要从教学的实际出发，认真研究职业学校学生的特点和需要，紧扣职教特点，搞活语文教学。

语文教学的四点思考

一、跳出圈子看语文

要想摆脱中职语文教学的窘境，彰显语文教学的特点，我们必须跳出普通中学教学的圈子，摆正语文教学的位置。要知道，普通中学语文是基础课和主体课，而职业教育中语文是工具课和辅助课。我们要放弃过去一味强调知识教学系统、全面、充分的要求，而应该强调学生在语言实践中体验、感悟运用语言的本领以及解决实际语言问题的能力。

二、结合专业求双赢

在着力打造学生专业技能的大背景下，学生总以浮躁而功利的心志对待非专业学科。语文必须在与学生专业紧密结合的考量中走出自己的发展之路。例如，在旅游班讲作品要适当突出文化文明的内容，在餐饮班要突出饮食文化作品，在数控专业班可联系机械行业最新发展动态的内容，在文秘班则要突出学生的写作能力。现在网络很方便，只要老师们用心，可以查到很多和专业内容相关的文章或作品，老师们是随手拈来却能让学生感到语文的无处不在和受用终身。

三、开放课堂促内化

中职语文教学要有突破必须开放课堂。在教学视野上，我们要贴近学生学习生活实际，兼顾学生走上社会就业发展的需要。在内容取舍上，应提炼重点，有所为有所不为，精力用在刀刃上。在教学策略上，强调创设情境全员互动，让学生在教师精心设计的语言实践环境中整合知识，完善自己，充分调动其语文学习的内动力，促成智能转化。教师要对教材文本知识点、《大纲》要求和职业教育实际作深入的研究；要对一节课该讲什么，学生想学什么，以及怎样整合作清醒的分析；要对教学过程中知识的整合、认识的转化、能力的提升作精心的设计；还要对教学情境的设计，适时点拨深化作巧妙的安排。

四、学习内容三重点

我认为，职校语文有三个内容必须重点突出：一是书法，二是听话与说话能力训练，三是应用文写作。

1. 书法

现在尽管计算机普及，推行无纸化办公，但书写还是不可缺少的，写字是一个人的门面，一个人的名片。此外，书法还是锻炼意志、培养认真习惯的一种有效方法。

2. 听话与说话能力训练

语言表达能力是一个人最重要的基本功之一，语言表达不同于作家的文学语言、戏剧家的舞蹈语言、医务工作者的医学语言、教师的课堂语言等，它是广义的，它指口头语言、书面语言、态势语言等。中职语文教学应该注重学生语言表达能力的培养和提高。

我是从以下三个方面进行语言表达能力训练的。一是坚持课前 6 分钟 3 人演讲。每堂课后给学生布置一个作业，要求学生在下堂课前准备好 2 分钟的演讲，题材不限，内容要求为积极健康的故事、逸趣事或校园新闻甚至是笑话，课前 6 分钟针对性抽出 3 人进行演讲。二是强化思维训练。学生语言表达能力的提高，取决于学生思维素质和能力的提高。在学生思维能力训练上，我始终坚持“熟能生巧”的训练原则，引导学生多学、多观摩、多讲、多背、多练，在熟练中逐步掌握语言表达的条理性、层次性和逻辑性，逐步从前言不搭后语向出口成章过渡。三是帮助学生纠正发音、调整语调、控制好语速等，促进学生语言表达能力的整体提高。

3. 应用文写作

走上工作岗位后，学生要写工作计划、工作总结，要会写请假条、收到条、借款条，要会写发言稿、新闻稿，所以，应教会学生掌握不同格式的应用文，为他们以后的生活和工作打下基础。讲授的内容越实用，学生会越喜欢语文，认可语文。

书法、听话与说话能力训练和应用文写作也是毕业生就业后反馈回来的认为最有用的三个方面。

总之，职校语文应注重培养和提升学生的语文能力，以期提高学生的综合素质，增强学生就业竞争能力，这是中职语文教学改革值得重视的发展方向。

中职学校文化课教学的困惑与对策

随着经济的迅速发展，社会对专业技术人员的专业水平、服务观念、文化修养、职业道德以及先进工具的正确使用等多方面的要求不断提高，这就对以培养专业技术人才的中职学校教学提出了更高的要求，而文化课教学内容则是满足这一时代要求的重要组成部分。但因学生基础水平低、主观意识差，教学方法单一，教学手段缺乏针对性等因素的存在，使中职学校文化课教学质量和教学效果的提高受到了明显的影响。结合自己的教学实践，就中职学校的文化课教学存在的问题，谈几点看法和体会。

一、文化课学习中存在的问题及原因

长期以来，人们普遍将学生基础对文化课教学质量的影响作为主要原因来对待，反而忽视了更深层次的认识因素和心理因素对学生学习的深刻影响，这就使我们的教学改革失去了针对性。

我认为学习基础差的背后存在着以下两个问题。

一是心理问题。由于学生对自我能力的认识不足而引发了严重的自卑心理和畏难情绪。相当一部分学生由于初中阶段的学习成绩不理想，有的也通过了很大的努力但仍然没达到理想的程度，因此对自己的学习能力失去了信心，产生了自卑感，认为学习上的问题对于自己来说是不可能解决的，形成了遇到问题就回避的不良的学习习惯，特别是在作为初中知识延伸的文化课学习上畏难情绪的表现更为突出。对文化课学习的认识不正确而导致了学习态度和学习兴趣的偏离：一方面是割断了文化课与专业课之间的联系，错误地认为文化课的学习对专业课和将来的工作不会产生直接影响，因而缺乏必要的重视和端正的学习态度；另一方面是割断了文化课知识的掌握与解决实际问题之间的联系，认为文化课学习空洞枯燥，学了也没有用处，失去了学习兴趣与动力，最终导致在文化课上学习自信心的丧失。

二是学习方法的问题和对新的学习生活环境的适应问题。中职生本身缺乏良好和有效的学习思路，自身不善于对学习进行总结，所以学习总是在模糊的情况下处于被动应付状态。进入职校后，学习环境宽松，有的同学无法适应，新的学习思路形成比较困难，给学习带来了一定的难度；还有的对新环境、新群体、新生活不适应，也必然影响到他们的学习，最终反映和体现在学生的学习效果和教育质量上。

二、采取有效措施，引导文化课学习

教师在教学活动中起主导作用，如果文化课教师在教学过程中仅仅把注意力集中在学生的基础水平上，重课堂、重作业、重考核就失去了教师的导向作用，无益于学生学习困惑的解决和文化课教学质量的根本性提高。所以，文化课教师应当正确认识教师教导学生在学习上获得进步的过程，也正是引导学生在心智上不断调适的过程，在文化课教学中，应将基础和方法、认识和心理、生活与学习等多方面因素融合在一起，从引导和激励入手，采取有效和具有针对性的方法和措施，才能真正地解决这一问题，实现文化课的教学目的。

第一，做好学科引导，端正学生学习态度。正确的认识决定

正确的行动，明确的目的激发强大的动力。为了帮助学生以良好心态进入文化课学习，文化课学科引导必须解决如下问题：学习目的、现实意义、实践作用、学科特点、知识延续性和更新性、知识结构以及有效的学习方法等，让学生在开始即明白为什么学、学什么、怎样学，从而树立正确的认识和端正的态度。

第二，肯定进步，团队合作，互相激励。被承认、被肯定是人们的重要心理需求，也是人们在社会生活中的重要动力之一。发现学生的每一个优点、每一次进步，及时给予肯定和表扬，就可以帮助学生形成良好的学习氛围。遇到学习难题无法解决是学生举步不前、产生心理压力的重大障碍，让学生单独面对难题或单独面对老师，都不利于问题的解决。课堂作业采取集中讨论、集体解答，既可以培养学生的团队精神，又可以使学生在每一个难题的解决中交流方法、享受成果、感受成功、树立自信。在平时的课堂测验上，也可以采取学生互相改卷、自定成绩的方法，以引导学生主动学习、自我肯定的心理的形成。

第三，教学与应用相结合，理论与实际相联系，激发学生浓厚的学习兴趣。可以用案例教学、实例教学、演示教学和职业岗位教学等生动灵活的教学方法，把大量的实际实例、生活常识、应用方法以及未来岗位上的应用要求，融入到文化课课堂教学中来，就可以避免学生学习的空洞枯燥感觉，用生活化的学习感受去激发学生学习的浓厚兴趣，使学生变“要我学”为“我要学”，从而引导学生进入主动学习的状态。例如，二次函数在数控专业中的应用，书法、演讲与口才在物流专业岗位中的重要作用等。

总之，“没有不成功的孩子，只有不成功的教育”。学生基础不足是学生的过去，学生进步则决定于现在。作为职教文化课教学，应采取有针对性和个性化的教育理念和教改举措。用有效的教育方法激活学生学习的主观能动性，以心智调适的引导推进学习的进步，这才是中职学校文化课教学质量提高的根本途径。

发挥自身优势，搞好语文教学

每位教师都有自己的优势。正如同苏霍姆林斯基所说："作为教育舞台上的一员，几乎能够向每一位教师学到东西，哪怕他比你工作晚几年。"所以每一位教师都应意识到自己的优势，并努力发挥。

教师的优势大致分为外在和内在两个方面。外在的主要指人的外表打扮、表情神态、表达能力、体态语言、板书等；内在的主要指个人的品德学识、涵养、心理和精神气质等。综合这些方面，绝大多数教师在其中的某个方面或某些方面具有一定优势。

通过大量的观察和了解，我把学生喜爱的语文教师的特点主要归纳为四点：一是能够平等地对待学生；二是拥有良好的气质和精神面貌；三是知识渊博，教学经验丰富，富有幽默感和教学艺术性；四是敢于严格，善于严格，严爱相济，懂得把握学生心理。如何根据自己的实际，挖掘自身优势，更好地搞好语文教学呢？下面谈几点看法和体会。

一、建立和谐的师生关系

教育应该是温暖的，尊重对孩子同样也是重要的，教师应该把学生当作自己的朋友，平等地对待他们。教师一个宽容的微笑、一句体贴的话语都会使学生产生巨大的学习动力，使他们亲其师信其道。这是发挥自身优势的前提。戴尔·卡耐基说："如

果你想得到一个朋友的话，那千万别告诉他你比他更聪明。”在课堂里你要得到那么多同学的拥护，自然应该把他们当作你的朋友和合作伙伴，把你的优点无声地展现在他们的面前。

二、要在课堂上尽量展示你的个人才华

小小的三尺讲台是教师“传道、授业、解惑”的舞台，是整个课堂的中心，你的一举一动、一言一行都是同学们关注的焦点，课后谈论的话题。作为语文教师，我觉得阅读、写字、语言表达就是最能在较短时间内让学生接受自己的外在条件。因此，每一次上课之前，我都要做一遍基本功练习：看看课文读熟了没有，表情达意是否准确；课文的重难点有哪些；新课的导入有没有新意；板书设计能否做到简洁、美观。有了这些准备，就能从容地在讲台上发挥自己的优势。

三、把握教学环节，营造创新氛围

“上课要有点新意是很难的，但应坚持这样做。”这是特级教师陈钟梁的话。我开始注意寻求一些突破，尤其在教学环节和教学方式上，演讲、文摘、课外阅读指导、表演等教学手段的运用，大大扩大了语文教学的外延；多媒体的运用，充实了教学内容。

好的老师不但要教学生学，更要教学生怎么去学。在上课时，我积极挖掘教材中蕴含的创造性因素，通过创设情境，鼓励学生对每件事发表自己的独到见解。一是精心设计课堂提问。我在着重培养学生思维能力的前提下，注重课堂提问的艺术、质量和效果，这样学生的回答就不会空洞无物。二是注重创造能力的培养。例如，我会提出一些实际的案例，要求学生联系他们的实际情况提出不同的解决方法。

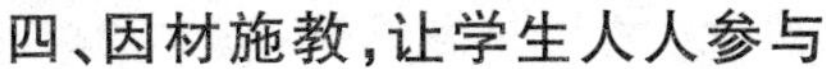

四、因材施教，让学生人人参与

对待注意力不集中的学生应尽量多想一些办法。比如古文背诵，看起来十分枯燥，基础差的学生很难背过，甚至根本就不喜欢背。我就按照课文的层次，逐层讲解，让大家回忆背诵；然后分散阅读，再集中背诵；最后以每人背一句的方式结束。每人背一句看起来很容易，但由于不知道自己轮到哪一句，于是课堂上就出现了背诵课文的场景。课堂上，必要的提醒很重要，但要注意方法。有一次，我讲解课文中的一个括号的作用，有一个学生正在剪指甲，当时我很生气，但还是以开玩笑的口吻对大家说："这个括号的作用很重要，看来大家都意识到了，有一个同学尤其体会深，她居然用指甲作括号准备回答老师的问题。"大家环顾左右，那人已经脸红了。我就给她面子，先让其他人回答，最后再叫她回答，她居然答对了。剩下来的时间里，她很专心。我借一个本来要发脾气的机会，既教育了那个学生，又让全班轻松了一下，一举两得。

对于注意力不集中的学生，在几年的语文教学中我总结出以下几种方法：一是个别照顾法。如发现有个别学生不注意听讲，我就一边继续上课，一边朝他们的方向走过去，在他们的身旁站定，直到他们意识到并不讲话为止。二是声音变换法。如发现有较多的学生不专心听讲，这种情况常常发生在即将下课时，我会突然把声音升高或降低，引起他们的好奇，从而使他们再一次集中注意力。三是眼神交流法。为不影响其他学生的听讲，我会用眼神来提醒少数不守纪律的学生，如果他意识到了，我就会用眼神来表示赞许。

五、注意课后交流

因为学生课下处在较放松的状态，所以容易与教师沟通，说

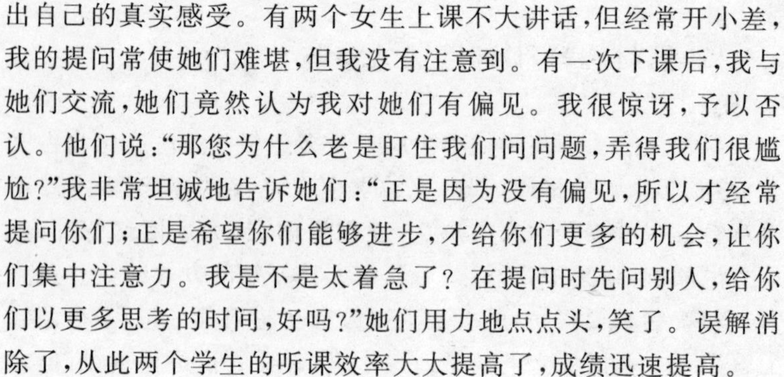

出自己的真实感受。有两个女生上课不大讲话,但经常开小差,我的提问常使她们难堪,但我没有注意到。有一次下课后,我与她们交流,她们竟然认为我对她们有偏见。我很惊讶,予以否认。他们说:“那您为什么老是盯住我们问问题,弄得我们很尴尬?”我非常坦诚地告诉她们:“正是因为没有偏见,所以才经常提问你们;正是希望你们能够进步,才给你们更多的机会,让你们集中注意力。我是不是太着急了?在提问时先问别人,给你们以更多思考的时间,好吗?”她们用力地点点头,笑了。误解消除了,从此两个学生的听课效率大大提高了,成绩迅速提高。

六、言而有信,行必果

学生敬畏的是那些既通情达理又严格要求、说话算数、认真负责的老师。这些老师往往对自己定下的原则纪律一抓到底,渐渐地就成为学生的学习习惯,赢得了应有的尊重。反之,松松垮垮的老师不但教不出优良的学生来,而且在学生的心目中会很快地失去应有的地位。比如做作业的格式、上交的时间、背诵等,一开始就要定好规矩,严格执行,从小处入手,养成习惯。

总之,教与学始终是对立统一的矛盾。解决得好,成绩显著;反之,会陷入僵局。只要细心研究当代学生的心理需求,充分发挥自身的教学特长,善于创新,那么我们的课堂教学一定会勃发出盎然的生机,更好地提高教学质量。

针对学生特点 实施课堂教学

目前，由于多种因素影响，职业学校学生群体的知识水平、接受能力、学习兴趣等都存在较大差异。我们在教学中应该根据学生特点和课程要求来实施课堂教学。

一、以学生发展为本，营造良好的学习氛围

要以博大的胸怀去审视学生，关爱学生，教育学生。把学生看成是一个有灵性的、独立的社会人，他们有自己的生活方式，有自己的思想，教师要善于挖掘他们的闪光点。要放下架子，尊重学生，与学生平等相处。我们所教的学生虽然学习基础相对较差，但他们同样对教师有自己的评价标准。只要你尊重他，他会对你产生信任。也只有老师真正尊重学生，才能精心创设和谐、宽松的人际环境和学习环境。

二、制定目标，提出要求，分层教学

在教学中，要对不同情况的学生提出不同的要求，采取不同的措施，使其各有所获。第一种类型：这部分学生自制力强，对自己的要求比较高，上课认真听讲，但有时比较浮躁。因此，在教学中，要要求他们掌握所学的知识，并有所提高、创新和突破。第二种类型：这部分学生能很好地约束自己，但因基础较差，对

于课堂的内容不能完全理解和掌握。因此，在教学中，要求其先打好基础，独立完成作业。上课时，多提问，使其提高注意力，加深对课堂的知识的理解和掌握。经过一段时间的学习，这部分学生一定会基础扎实，产生浓厚的学习兴趣。第三种类型：这部分学生没有良好的学习习惯，表现为上课不认真、随便吃东西、请假上厕所、随意大声说话、接话茬儿等。对于他们，首先要从强化纪律着手，去其劣根性，强制加引导，使其自我约束。其次，对于知识的学习，则要求掌握比较容易的问题，培养对学习的兴趣，让其慢慢养成良好的习惯，对于这部分学生，至少需要一学期的引导，我们要有耐心。

其实，职业学生的一些学生在初中阶级一般受表扬不多。他们进入职校后，对老师和同学的褒奖之辞特别渴求。另外，在受挫折后更加渴望别人能尊重自己，希望获得老师和同学们的理解与信任。因此，我在教学中，时刻关注他们的思想变化，发现其“闪光点”，注意其“兴趣点”，激发他们内在的自信心，激励其上进心，这样，他们就会爱上你的课，学习成绩自然会有所提高。有些学生好逞强、好表现自己、上课爱接话茬儿，我就加以正确引导，上课经常提问，让他把自己的想法用恰当的形式表现出来，这样既学到了知识，又不影响课堂程序。经过一段时间后，使他们树立自信心，看到自己的长处，认识到自己的价值，学习成绩有了提高，行为习惯也有了改进，步入了良性循环的轨道。

三、努力做到教学个性化和系统化

职业教育复杂多样的特色为教学方法个性化提高了广阔的空间。学科教学也应该是系统化的。

要用一两个月的时间对新生进行入学后学习准备的评估。可通过座谈、提问、综合测验等多种方法了解学生的基础、兴趣和能力。取得第一手材料之后，制订自己的教学培养计划和教学方法。

用一个学期的时间培养学生的学习兴趣和习惯。中职生的学习准备差、学习习惯不好、学习兴趣不浓是他们学习差的根本原因。为了解决这一普遍而棘手的问题，我用了这样的一些教学方法：每班组织专业语文兴趣小组，分层次教学，小组互助教学，举手回答及时鼓励并加思想品德分，做好语文游戏等。通过一学期的教学效果看，90%多学生能养成比较好的学习兴趣和习惯，剩下不到10%的同学在寒假中做一些说服教育，并加以善意的处罚也会收到预期的效果。

第二学期的教学重点放在学生语文知识技能和能力的准备上。语文能力培养非常重要，为此我用了这样一些教学法：朗读课文比赛，文学鉴赏小组比赛，任务驱动式作业的设计和完成，专业小组对话式的讨论研讨，学生自己在小组之间作文点评等。

第三、四学期因材施教，分层教学。这一阶段学生面临上高职或分配的准备工作，对将上高三考高职的同学进行基础知识能力培养的重点教学，对分配的学生本学期的重点进行职场专业语文方面的教学，如应用文写作。

总之，学生是可塑的，尽管他们的基础差，只要给他们合适的场合、合适的方法，他们也会认真学习的。从一点一滴做起，只要他们在原有的基础上有进步，我们的教育就是成功了，我们应该有这样的信心！

谈谈语文学习兴趣的培养

兴趣是学习的先导，是最好的老师，只有感兴趣才能激发学生学习的热情。那么，语文学习兴趣又如何培养呢？

一、创新导入，激发兴趣

课堂教学，导入非常关键，它是奠定整个课堂教学氛围和激发学生学习兴趣的关键。因此，我们要在导入上创新求异，摒弃“老一套开场白”，始终抓住学生“喜新厌旧”的心理，让学生“猎奇”，让学生始终保持浓厚的兴趣。

我在一班讲冰心的《纸船》一课时，导入是这样设计的：“同学们，上课前咱们先搞一个手工制作——叠纸船，看看哪个同学叠得又快又好，开始！”课堂气氛一下子活跃了，有的同学问：“老师，叠纸船干什么？”“你打算干什么用呢？”“挂在卧室，当装饰品。”“很好，这是一件不错的手工制作，但它还能寄托我们的情感——欢乐、忧思、怀念。冰心的《纸船》就寄托了这样的情感，今天我们就学习这一课。”新颖的导入，可以有效抓住学生的猎奇心理，始终让学生精力集中，有效提高课堂学习效率。

二、借助多媒体，激发兴趣

多媒体教学直观生动，能对学生产生感官刺激，对于改变传统课堂教学模式，创设课堂情景，激发学生兴趣，作用不可小觑。在二班讲授《纸船》一课时，看到同学们都在忙碌地叠纸船，我明白了，他们是在沿袭一班的教学模式。我微微一笑，说："同学们，上课前我们先看一短片。"画面展开，漆黑的海面上，一盏盏造型各异的纸灯，闪烁着灯光，顺着海面漂向远方，岸边是祈祷的人们，苍凉、悲壮。我介绍说："这是印度洋海啸一周年，人们祭奠亡灵的画面。"一名同学打破了寂静。"是啊，这是人们借灯船来寄托对遇难亲人的哀思。古人为我们创造了表情达意的多种方式，比如诗歌言志、书信传情等，今天我们看一下一代文学大家冰心是怎样表达自己情感的。"一节课下来，同学们始终带着浓厚的学习兴趣畅游在知识的海洋里。

三、学法指导，激发兴趣

科学有效的学习方法，可有效降低学习强度，让学生劳而不累、乐此不疲。比如，中学生在词汇量方面已经要求非常丰富了，如何让学生对字词认得多写得会，是需要一定劳动量的。如果单纯让学生写生字多少遍，抄词语多少遍，枯燥乏味的重复书写久而久之就会让学生失去书写的兴趣，字迹也会因为应付任务而变得潦草，在这一方面，我一改传统教学方式，让学生以猜字谜的形式去识记生字词。

"一点一横长，一撇到南阳，拐一拐，折一折，拐一拐，折一折，左一撇，右一撇，一撇一撇又一撇。"同学们就在饶有兴趣的猜字游戏中掌握了"廖"字的正确写法，又何必要求学生十遍二十遍地习练呢？

"猜字谜"是我国优良的传统文化，通过这种方式，解放了学生，让学生在轻松愉悦中熟记知识，既锻炼了学生的思维，又传承了传统文化的精髓。

四、班级文化，激发兴趣

班级文化是激发学生学习兴趣的有效载体，为营造班级文化氛围，我在班里开展“对联擂台赛”，评选一周擂主，每周都有经典的对联出现在墙报上：

顺水行船橹速(鲁肃)不如帆快(樊哙)

八音齐奏笛青(狄青)莫如箫和(萧何)

这一活动的开展，极大地调动了学生搜集整理对联的积极性，积累了大量的写作素材，对语言的锤炼、写作能力的培养，打下了坚实基础，进一步激发了学生学习的热情。

其实，激发学生学习兴趣的方式方法有很多，教无定法，贵在得法，只要行之有效，就是好方法。

我也希望大家都能激发学生学习的兴趣，让语文教学大面积丰收，真正走出“外热内冷”的怪状，让中华民族优秀文化传统在我们这一代得以传承和发扬。

务实基本技能 提高语文素质

职校生基础弱，对语文等文化课程又不重视，那么如何实现语文教学效果呢？我认为，还应该立足于务实语文基本技能的训练，即强调听、说、读、写的基本能力的训练，方可提高学生语文素质。

一、听明白

现在的英语教学加大了听力训练的力度，效果较好，这值得借鉴。因为日常生活中“听”和“看”最为重要，而不是每名学生都有良好的听的习惯，他们有的抓不住重点以致答非所问，有的心急火燎听不完整，有的心不在焉、不知所云，所以我们要有意识地对学生进行听力训练，使他们学会倾听、有选择地听、平心静气地听。要经常鼓励学生听录音，听广播、看电视。并做一个有心的听众，要听得仔细明白，听后要归纳出主要内容，概括出主旨。告诉学生做一个能耐心听取别人意见的人往往是谦虚而有涵养的，对即将走入社会的职专生来说，有这种能力和美德必将使自己更具竞争优势。

二、说清楚

随着社会的发展，人际间的语言交流日益重要。求职要面

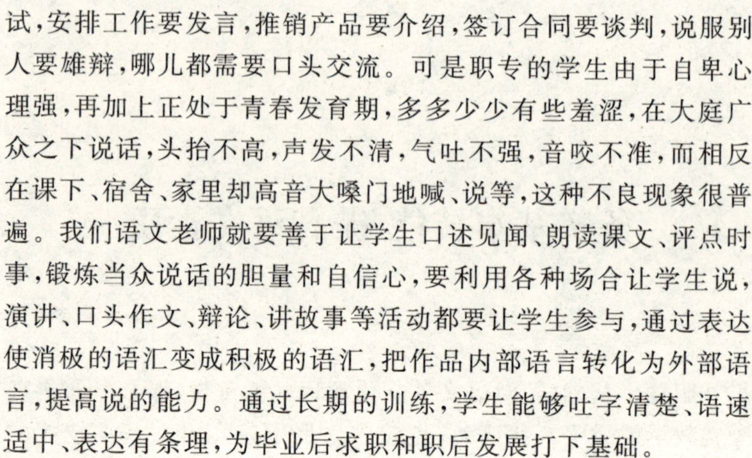

试，安排工作要发言，推销产品要介绍，签订合同要谈判，说服别人要雄辩，哪儿都需要口头交流。可是职专的学生由于自卑心理强，再加上正处于青春发育期，多多少少有些羞涩，在大庭广众之下说话，头抬不高，声发不清，气吐不强，音咬不准，而相反在课下、宿舍、家里却高音大嗓门地喊、说等，这种不良现象很普遍。我们语文老师就要善于让学生口述见闻、朗读课文、评点时事，锻炼当众说话的胆量和自信心，要利用各种场合让学生说，演讲、口头作文、辩论、讲故事等活动都要让学生参与，通过表达使消极的语汇变成积极的语汇，把作品内部语言转化为外部语言，提高说的能力。通过长期的训练，学生能够吐字清楚、语速适中、表达有条理，为毕业后求职和职后发展打下基础。

三、读广泛

学习语文，绝对不是读几篇课文就可以了事的。加强广泛的课外阅读，提高阅读能力是职教语文的一个重要方面。按照常规的教学路子走，许多人都是在大学时期才有了大量课外阅读，而我们职校的学生却要在中专学习期间加强课外阅读，因为他们工作早，进入社会早。我们语文老师就应该要求学生们在职业中专学习期间，利用课余和节假日多看书，不仅仅包括名家名篇，还包括《读者》《特别关注》《青年文摘》等杂志期刊。阅读时应要求记读书笔记，写读后感，以养成良好的阅读习惯，老师还要适时进行阅读方面的指导、督促和交流，以促进课外阅读活动的深入和广泛，使学生能旁征博引，具有比较广博的见闻和合理的知识结构，以后在社会实践中能游刃有余。

四、写规范

要善于创设情境，激发学生的写作兴趣，使他们有一个良好的写作心境，同时，要尽量让学生感受生活，深入生活，贴近时代的脉博，写出有真情实感的文章来。比如，写出心中最优秀的同学或指导老师，自己心中理想的工作岗位等。职业中专的学生文章不要求大块头，但必须规范化，并做到条理清晰、通俗易懂。学生的书写也要讲究，横平竖直、端庄秀丽，使人一看就有美感。

现在的中专语文适当增加了应用文的内容，这是很有必要的，要注重应用文的写作。可以根据应用文体例，适当设置情景来调动学生学习兴趣。在讲应聘信写作时，找一些名人应聘时的佳作，把这些情境再现，在班上进行模拟招聘，同学们为了能在招聘时一显身手，一定会开动脑筋，找资料，请老师同学帮忙修改等等，学生不仅学会了写一般的应聘信，还进行了相关知识的学习和运用，实践能力在无形中会得到锻炼。语文的工具性、实践性明确了语文教学的社会性，为学生创造更多的参与语文实践活动的机会，是应用文写作的一个不可忽视的手段。在上调查报告时，我简单介绍了写调查报告的方法，给学生布置了一道作业：在本地区开麦当劳连锁店的可行性报告，让学生通过查找资料、采访餐饮业老板、询问老师等方法写 1000 字的调查报告，学生愿意做，有了兴趣，就提高了教学效率。

著名的艺术大师罗丹说："动是一切景物的生命。"语文教学亦然，特别是职业中专的学生，他们基础差，学习兴趣不浓厚，要切实提高语文能力，就要通过不断求新的精神加强听、说、读、写等基本技能的落实。学生们形成良好的语言习惯，形成良好的语文素质，毕业后，无论走到哪里，都有较强的交际能力，都能够适应未来社会的需要。

根植于生活的沃壤 夯实“精神的底子”

语文是中职学校开设的基础文化课之一,语文教学如何适应各行各业对中职毕业生人文素质的要求,是摆在我们语文教师面前的迫切任务。结合自己的教学实践,我认为中职学校的语文教学应从以下三个方面着手。

一、根植于生活的沃壤

顾黄初先生在《语文教学要贴近生活》一文中指出:“要使学习语文与生活紧密联系起来,把教学搞得生动活泼,这生活,包括学生自己的生活,家庭、学校、社会的生活,脱离了生活,语文教学就会变得呆板枯燥。”职校语文也首先要树立学生的生活意识,开发利用生活中的语文资源,努力培养学生的生活情趣。

如生活交际中要学习如何听话和如何在不同场合、面对不同对象恰如其分地表情达意;可以在电脑网络中接受强大信息浪潮的冲击,感受网络语句的鲜活与另类;可关注街头巷尾的广告,记下绝妙的语句,纠正错别字和病句;为学校花坛拟几条标语,起草一份活动方案或倡议书,介绍一个学校实习实训车间,写几名成功职校毕业生等。

可以说,我们老师和学生只要带着语文意识看生活,语文资源俯拾皆是,语文学习将别有洞天。

二、夯实“精神的底子”

何谓“精神的底子”？我认为：《语文教学大纲》里说的“态度、情感、价值观”就是最好的诠释。夯实“精神的底子”就是为了“立人”，就是为了“在他们长大以后，真正面对人生与社会时，就能以从小奠定的内在生命中强大的光明面，来抗拒外在与内在的黑暗”。这是语文“人文性”的根本所在。简言之，语文要防止和救治学生的“精神缺钙”，从而在学生心中树立一座“精神灯塔”。

语文来夯实“精神的底子”，不能靠一味地道德说教，靠的是贯穿于日常的教学过程之中的熏陶感染，潜移默化。我认为熏陶感染应包括三个方面：一是教师本身的人格精神。所谓“其身正，不令而行；其身不正，虽令不从”，老师是一把尺子、一面镜子，应该“以精神培育精神”，“让高贵和高贵相遇”。二是优秀的作品。我反对在语文课上进行技术分析，而应该引导学生挖掘、品味教材中真挚的情感、美好的人格、精辟的哲理，同时尊重学生自己的阅读感悟和体验。三是典型的生活事例。我们可以让学生采访成功的毕业生、身边的优秀教师和技术能手等；可以和学生一起看“情感剧场”“星光大道”；可以在母亲节到来之际让学生写感恩文章，想想“谁言寸节心，报得三春晖”……总之，典型的生活实例是学生人格精神教育的“活的教科书”。

职校语文课并不多，作为语文教师，应努力立足课堂，挖掘教材中的“文化孕育点”，在课堂上营造文化气息，通过语言文字向学生传递祖国的、世界的和古代的、现代的多元文化，培养学生的人文精神。还要树立“大语文教育”的观念，使语文课程形成一个开放性的学习领域，引导学生多欣赏美景，感受生活，多阅读文章，在生活中实践，快乐地学习。

三、语文课开设要灵活

职校语文必须坚持以“必需”和“够用”为度，为就业服务，应该按照专业和岗位要求，确定语文课程的教学目标，科学、合理地安排教学内容。如《应用与写作》《演讲与口才》《书法与写字》等都应归入语文范畴，根据专业看是否该开设，什么时间开设。

职校语文既然要体现“学以致用”，就必须在教学上突破听、说、读、写一起抓的老框框，做到有所侧重和创新，“眉毛胡子一把抓”大可不必。通过对毕业生的每年回访，我觉得职校语文应立足于重点培养学生具有敏捷、准确、高效的口头和书面表达能力。我认为，训练中职学生提高“说”和“写”的能力，与训练他们掌握专业技能同样重要。例如：营销专业毕业生进行产品的售后服务，物流专业毕业生向客户介绍项目，办公室人员待人接物，凡此种种，都离不开口头表达能力。否则专业能力和技能掌握得再好，也会在与对方交流时出现困难，从而影响工作。同样，数控、机电、电子电气等技术类毕业生也应该具备一定的写作技能，要会写类似产品说明书、项目可行性研究报告、新产品实验报告等科技应用文。既有熟练的专业技能，又具备一定语文能力的毕业生，走上工作岗位之后，将会如鱼得水，左右逢源。我校汽修专业毕业生朱廷龙就是凭借过硬的专业维修技术和良好的与客户沟通的能力，赢得大批客户，被青岛华青汽修聘书首席技师和经理助理的。

这不难理解，中职毕业生大多在第一线从事技能性、服务性或管理性工作，他们的位置常常处于工作纽带的中间或联系环节。对用人单位来说，无论是上下情况的沟通与传达，还是日常工作的顺利进行，发挥这条纽带的正常功能很重要。这就要求学生除了具备专业知识和技能外，还要具备一定的人文素质和语文能力。显然一个羞于启齿或懒得动笔、害怕与人打交道的中职毕业生，在工作中必然会遇到很大的困难。事实上，大多数

用人单位在选用中职毕业生时，都非常看重这方面的能力和水平。

总之，中职语文要扎根于生活，突出针对性和适用性，强调学生人文素质和语文能力的培养，提高他们的就业竞争力，中职学校的毕业生就一定能受到用人单位的欢迎。

职教语文中教学中的听说读写

“听说读写”一直是语文教学中的四大目标支柱。然而。在实际教学中，人们往往重“读”“写”能力，而忽视“听”“说”能力。作为职业学校而言，学生毕业后直接参加工作，更应该在传统的“读课”“写课”中增加并加大“听课”“说课”比重，以使学生掌握交际语言的技巧，提高语言运用水平。下面就这一问题，我谈几点认识。

一、语文教学不能忽视“听”“说”能力培养

当代教育理念正经历着异常深刻的历年改革，那就是确立了以学生为中心、以人的发展为本的教育理念。要把学生看作是一个完整的人，相信学生的自主学习和自我发展能力，教师要作为学生学习的指导者和帮助者。尊重学生的人格、情感和意志，把自我实现的抉择权留给学生。就语文学习而言，创设一种情境，重点培养学生的“听”“说”等应用能力，促使学生从实践中领会汉语言的基本知识和魅力，掌握实际运用的基本技巧，能全面夯实的基础素质。

就语言学习的规律性而言，语言学习不重应用，永远是“纸上谈兵”。增加听课、说课，就是为了让学生实践中去运用语言、思索语言，这符合语言学习的需要。

联合国教科文组织的报告《教育——财富蕴藏其中》明确指

出：教育除了继续重视适应工作和职业需要方面的作用外，还应该围绕“学会认识”“学会做事”“学会生存”“学会共同生活”四个支柱，重视铸造人格，发展个性以及增强批评精神和行为能力方面的意义，促使人的全面和谐发展。也就是说，教育的本质应该是“如何做人”。“如何做人”简而言之，就是拥有健康的职业心理和职业伦理，拥有积极向上的精神，与人交往、合作共事能力和自我调节能力，而这一切与交际语言的听说能力的高低密切相关。

二、职校生实际要求加强“听”“说”能力培养

从职校生素质而言，很大一部分不会说流利的普通话，说话时普遍胆小、害羞，用词不准确、不规范，且词汇单一，错句、残句多。听课时，也集中不了注意力，缺乏耐心，听正式谈话抓不住要领，更难以领悟言语的“弦外之音”。当然，读、写能力也不强。语文学习对一个人的素质培养很关键，而素质影响就业后的人际交往，所以语文教学应该有的放矢，切实提高学生的听、说能力。有一位毕业生面试时介绍自己是班长，面试者就让其介绍一下自己所在的班级，班长说“我的班有 57 名学生，其中 54 名男生、3 名女生”后，就再也说不上什么了，结果丧失了一次就业的机会。其实，介绍一下自己班级的成绩就是在介绍班长的功劳，多么好的一次展示自己的机会，却错过了。语文教学重视学生听说能力，可向学生提供一个崭新的平台，吸引学生，而且会极大地提升中专毕业生就业的竞争力。

三、改革教学设计，切实提高学生听说能力

一是调整课程设置。传统语文课，阅读课占 85％，写作课占 15％。只是在阅读课中零星地穿插些听说能力的训练内容。其实，职校语文完全可以分为“听说课”和“读写课”，如前者可上

成《演讲与口才》，后者上成《应用文写作》《时文欣赏》等。

二是制订听说教学计划。听说能力培养也要借助一定的载体，而且更难以体现和把握。这就是要求我们教师要制订出比较完善的听说能力培养教学计划，包括阶段性培养目标、教学内容、教学手段和方法、具体课时安排等，从而保证“听说课”的有效实施和实际效果。

三是充分利用课堂培养学生的听说能力。教学实际中，最好按照日常生活交际类、职业学习工作类、正式场合交际类等内容，以直观形象的方式提供给学生教学案例，让学生感受听说的无限魅力，激发对听说的兴趣，以提高自身的听说能力。教师要尽量把听说课放在具体情境中去演示实施，充分利用音像资料、多媒体等现代化手段，增强教学的直观性、动态性，努力营造一种真实可感的职场氛围，使学生能更形象、具体地理解各种类型、场合的听说具体的要求，从而达到认识和技能同步提高的目的，获得在实际生活、学习、工作中的随机应变能力。听说课教学的重点应该放在学生高强度的听说演练上，如初次见面的交流、巧妙转移话题、专题主持及嘉宾发言等，由师生分别扮演不同的角色，根据角色身份进行多次演练。并且师生共同探讨得与失，肯定成绩，找出问题和不足，再进行反复演练。

四是精心设计好课外训练。仅课外听说训练应是课堂教学的补充和延伸，课堂训练远远达不到听说训练的教学计划的目的和强度。可以把全班同学分成几个学习小组，利用早读课等时间，由教师统一布置朗诵、复述故事等训练内容，由各小组组长检查完成情况，老师进行监督指导。还可以通过每天收听《新闻联播》《焦点访谈》，说出自己的看法等训练学生。当然举办演讲比赛、辩论赛要求全班同学参加并发言，更是很好的活动。这一些活动能丰富提高学生的兴趣，有效提高学生的听说水平。

总之，听说读写能力是语文的基本能力，忽视任何一方面都是不对的。中职语文教学没有了高考升学压力，只要留意，只要用心，完全可以丰富学生的听说训练活动，切实提高学生的听说能力。

方法指导

语文学习方法与学困生转化

现在的教育和课程改革方兴未艾，对于教学而言，笔者认为教无定法贵在得法，最关键的是提高课堂教学效率和转化好暂时的学科“差生”。

一、运用科学有效的学习方法，提高学习效率

学习是一个系统的“工程”，只有按部就班地进行训练，才能逐渐养成良好的习惯，提高学习效率。

一是制订合理的学习计划。“凡事预则立，不预则废。”首先，在学期初你应该帮助每一名学生制订好到期末考试前的学期计划，注明争取到期末达到什么名次或多少分数，并分解好目标，制订相应的月计划、周计划和每天的学习计划。在计划中合理安排学习内容，并且兼顾学习与课外活动、体育锻炼等各项活动的关系，还要写明预期达到的效果。通过制订学习计划不仅可以帮助学生合理地安排学习时间和提高效率，而且能培养学生的统筹能力和意志力，因为孩子都是贪玩的，都是三分钟热度的，必须用他们自己制定的计划来约束自己。

二是课前预习。每天坚持对第二天所讲课进行预习，预习时要有目的性，不能粗略看一遍就行，要认真阅读课本内容，找出重点，难点内容，并认真做笔记。对于疑难问题要进行仔细的研读，最好注明一下，然后试着做一下课后相关练习。这样在老

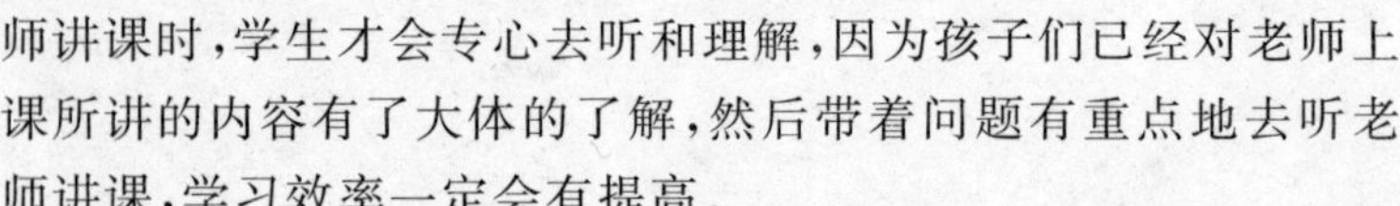

师讲课时，学生才会专心去听和理解，因为孩子们已经对老师上课所讲的内容有了大体的了解，然后带着问题有重点地去听老师讲课，学习效率一定会有提高。

三是上课认真听讲。要严格要求和引导学生课堂上要认真听讲，克服走神、不专心、做小动作、看课外书等不良习惯，认真做好笔记。通过听讲，加深对重点、难点内容的理解，把疑点问题彻底弄清楚。只有课堂上学会跟老师一起分析，才能培养能力，达到举一反三。要知道，现在的语文学习和考试侧重的就是听说读写能力，死记硬背的东西很少。对于语文教学而言，更要突出课堂学习。

四是课后及时复习。课后复习工作特别重要，复习时先别看课本，试着回忆一下本节课的主要内容，对回忆不起来的内容在书上做个记号，然后有目的地去阅读课文，对照笔记把重点、难点内容及例题做深入理解，然后再隔一周、一个月都要重复上面的复习工作，经过这样多次的复习，学生一定能够把每节课内容完全掌握，并能够转化为自己的能力。

五是课后独立完成作业。相信经过预习、听课、复习三个环节的学习，学生就能够独立完成作业了，在做每一道题时，认真联系其与课本知识的关系，知道它考查什么内容，然后自己再主动去做一些专题训练，巩固学习效果。

六是按时小结。当学习完单元内容，教师应该和学生一起对这一部分的内容做系统小结，对照笔记本、作业本把全部内容通览一遍，将思路归纳一遍，使所有内容融会贯通，并将笔记系统整理一遍，这时学生会对课本内容有了更深入、更全面的理解。

七是积极参加社会实践。在完成学习任务之外，积极参加课外活动、社会实践，这样不但丰富学生的知识面，还能培养学生的各种能力，学以致用正是现在教学改革特别是语文改革所提倡的。要引导学生平时多留意现实生活中的现象，努力把它们和书本上的知识联系起来。学习完情感单元，可以写一写情感类文章；春天来了，可以领着孩子们到大自然中活动，去观察，去磨炼意志。

二、做好学困生转化工作，全面提高教学质量

学生是一个整体，总是层次不齐的，总会存在学困生。我认为教学的最大成功就是尽量做好学困生转化工作。做好学困生转化工作，我认为应从以下几个方面着手：

一是建立良好的师生关系。谁都有自尊心，谁都愿意上进，谁都渴望进步，对于学业暂时落后的学生，老师应该主动接近他们，尽快了解他们的实际情况，用积极的态度，缩短师生之间的距离，对他们进行学习心理疏导，分析他们学习的状况，帮助他们找出成绩差的原因。其实，学生成绩差是由于各种因素造成的，作为教师对具体学生要作具体分析，各个突破，决不把他们当作包袱，不放弃他们，要了解他们的特长爱好，寻找他们身上的闪光点。

二是宽容和善待学困生。语文教学成功与否，不仅取决于学习者的智力因素，还取决于他们的情绪、态度、学习动力等。因此，教师在任何时候都要注意控制自己的情绪，不迁怒、不急燥，切忌使用训斥、侮辱人格和伤害自尊心的语言，切忌向家长告状。教育书育人是细活，需要的是耐心。如果遇事不冷静，一时冲动，由着性子，容易把事情搞得一团糟。如果事事发脾气，自以为是，独断专行，容易伤害学生的自尊心、自信心，一些学生甚至会“破罐子破摔”，从此走上下坡路。教师需要做大量深入细致的工作，如果马马虎虎，摸不清学生的底，号不准学生的脉，别说因材施教，就是正确地评价学生也是极其困难的。如果光凭教师的权威去制约学生，很容易挫伤学生的自信心，或使学生产生逆反心理，或养成学生盲目听从的奴隶人格。因此，教师的心要比妈妈的心还细才行。还有，教师在对特殊学生的转变过程中，如果学生的进步不明显，也不要失去信心，要继续对该学

生投入时间和精力去帮助教育，如果失去信心，听之任之，置之不理，就会使有了一点进步的学生再次退步，以前的努力就会功亏一篑。

三是借助集体的力量感染学困生。科学系统的教学，能使班上绝大部分学生走上正确的学习轨道。班级的语文学习气氛浓，这对那一部分学困生也是一种很大的教育力量。在这样的环境中，他常常会不知不觉感受到集体的压力：别人的语文都能学得好，为什么我不能？在强烈的语文气氛感染下，他自然不好意思不学了。其实，语文作为母语学科，只要用心学，都可以学好的。

总之，运用科学有效的学习方法，可以收到事半功倍之效，快速提高学习效率。面向全体教学，做好学困生转化工作，也是教育应有之义。

文化课教学中运用愉快教学法

对于中职学生来说，学生一般认为进职校是为了学习专业技能，寻求谋生手段的。但从学生的长远发展看，文化课必不可少。因此，不能忽视文化课学习。我觉得，把愉快教学法贯穿于文化课教学中，让学生乐中学、学中乐，对促进学生健全人格的形成和教育教学质量的提高具有重要意义。

一、教师的人格魅力是愉快教学法的前提

俄罗斯教育家乌申斯基曾说："在教育教学活动中，一切都应以教师的人格为依据，因为教育的力量只能从人格的活动中产生出来，任何规章制度都不能代替教师的人格作用。"因此，培养教师对学生的爱，增强亲和力，如课堂上教师温和的微笑、机智幽默的语言、关爱的眼神和恰到好处的手势，会使学生对老师产生亲近感、信赖感，由此形成热爱和亲近老师的心理定式，自然会达到"亲其师，信其道"的效果。课后更是教师展示人格魅力的时机，像朋友一样与学生轻松地聊天，能拉近与学生的距离，了解学生所知所想，沟通师生情感，建立良好的"情绪场"，使学生能在教学中产生积极的反馈，从而营造出融洽饱满、充满感情色彩的教学气氛。因此，提升教师的人格魅力，形成良好的师生关系是愉快教学法的前提。

二、创新教学方法是愉快教学法的关键

传统的"我讲你听"的"说教式"的单一方法，易导致学生产生厌学，自然就达不到教学目的。改进与创新教法，尊重"愉快教育法"的学生主体性原则，根据教材内容，改进教学方法，运用自主活动、情境教学、教师讲授等多种方法，把更多的时间、思考的过程还给学生，从而寓教于乐，体验愉快教育。

一是自主活动。由学生自己组织、主持，老师则成为一个十分关注的"旁观者"，有针对性地作最后总结。并且，这类自主活动，可在室内室外进行。如，在草坪下、树荫下同学们可以很投入地一起分析、一起背诵。又如，在阅读《汉堡港的变奏》《都江堰》这样的文章时，我们可以抛出几个问题引导学生自己进行联系对比：你崇拜这样的人吗？你愿意成为这样的人吗？请你搜寻几个当代企业家从业创业的故事，你有什么发现吗？通过讨论学生不难领悟到严谨、求实、敬业的工作态度，忠诚奉献的人格精神，从而激发学生积极努力培养自己职业素质的热望，也就实现了职业学校文化课为专业服务、为学生就业服务的目的。

二是情境教学。通过直观形象的教学，如图片、录像、案例、多媒体、音乐和朗诵等，让学生从中受到启发。这犹如一面镜子，在教师有意无意的提示下，愉快地掌握知识。学习应用文，我们可以模拟一个现场招聘会，设置一个接听电话、推销商品、接待顾客等场景。编演课本剧也是很好的方式。因为通过研读课文、分析人物、塑造形象，学生就像亲身经历了优秀人物的所作所为、所思所想，人物与自我融为一体，人物优秀的品质和职业素质会在学生心里留上永久的烙印，灵魂也会受到巨大的洗礼。

三是教师讲授。让学生以饱满的热情听课 45 分钟，是件非常不容易的事情。因此，讲授时教师的语言要机智幽默，善于提问，注意提问的时间、内容、方式，避免家长式的唠叨与说教，讲授时穿插生动的故事，激发学生的学习兴趣，使得每一堂课都有新鲜感，让学生在轻松愉快中接受教育。

任何一种好的教学方法，如果使之程式化，这种方法也会停滞，缺乏活力，唯有教师创新性地教，才会有学生创造性地学，愉快地学。

三、让学生感受成功是愉快教学法的核心

愉快教学法旨在让学生“乐中学”“学中乐”，其核心在于让学生感受成功。因此，教学中要建立“成功—快乐”的良性循环机制。教学的各个环节如高矮适当的“阶梯”，让学生接受每一种思想观点，掌握一个知识点，学会一种技能，便犹如登上每一步“阶梯”，能感受到一种满足心理，拥有积极的情绪，继而产生登上下一步“阶梯”的动机和兴趣。培养学生的积极心态，要充分运用“表现—成功—快乐”三部曲方法，让学生充分展示自己，并给予恰当的鼓励；根据学生的不同层次，设置不同的提问，布置多样的不同层次的作业，让学生有选择的余地，从而给予他们基本上都能获得“成功”的平等机会；发现学生好的行为习惯和优点，无论是课内还是课外都及时地给予表扬和鼓励。这样，学生能感受到教师能满足他们追求“成功”的心态，从而变得“乐学”。

总之，愉快教育是在提升教师人格魅力的前提下，在教学方法上寓教于乐，帮助学生在点点滴滴中体会到成功学习的快乐，让学生在“我要学”中不断进步。

培养学生说话能力之我见

说话能力的培养,是小学语文教学的重要任务之一。在几年的教学实践中,我对培养小学生的说话能力做了一些探索,与同行分享和商榷。

一、巧选材料,激发兴趣

“兴趣是最好的老师”,也是人们从事某项活动的重要的原动力。培养小学生说话能力,必须重视这个问题。小学生好奇心强,但知识少,认识能力差。尽管说话的素材很多,但如果不针对学生的年龄特征和认知水平进行选择,就达不到训练的目的。因此,我在选择说话材料和设计训练时,特别注意趣味性和多变性,也就是巧选说话材料,注重激发兴趣。这样做,才会使学生在兴奋的状态中由老师“让说”变为“要说”。比如我给一年级学生讲《拔萝卜》故事,让学生们复述。在复述前,分别让几个小朋友扮演故事中的不同角色进行表演,学生在有趣的表演中,加深了对故事情节的记忆,为学生复述故事起到了铺路搭桥的作用。我还利用图画对学生进行说话训练。

二、引导观察,启发思维

培养说话能力和观察相结合是符合“语言训练必须直观情

景"的原则的。观察是说话的基础，它可以丰富学生的说话内容，让学生有话可说。小学生很喜欢观察，但是由于年龄和心理的因素，他们的观察往往是表面化、片面化、无顺序、不持久的。为了让学生说话说得有条理，我首先教给学生观察事物的方法：一是观察要有顺序，即由整体到部分、由上到下、由左到右、由外到内、由远到近、由中心到周围等；二是观察要全面；三是观察要抓住特点。观察得法，就为说得条理打下了基础。小学生说话训练成功的比率就高，兴趣就越浓。

还有一种情况，就是孩子们观察后说不出来，或者说得不理想。遇到这种情况，我就把学生注意力引导至观察对象的主要部分，让学生认真细致地看。同时，给学生提出一些问题，启发学生思考。比如，观察校园里的花草，问学生：校园里一共几个大的花坛？主要种了什么样的花草？……最后，让学生把观察到的内容连起来说一说。这样，学生在老师的引导、启发下，边观察、边思考、边说话，既掌握了观察顺序，又理清了思考的路子，说话又有了条理，从而进一步培养了学生的说话能力。

三、把握课堂，借助教材

阅读教学的主要任务是培养学生的阅读能力和良好的阅读习惯。通过字词句篇的教学，使学生掌握常用的词语，理解句子的意思，理解课文的内容。课文中的句子是学生练习说话和写话的例句，因此，阅读教学是说话训练的阵地。充分发挥教材优势，从教材中选适当的内容，可以读读说说。如学了一段后说出这一段写了什么内容，每句话讲的是什么。其次是仿说，模仿某个句子、某段话的结构形式，说出内容不同结构相似的话来。如学习了《北京亮起来了》，可以说话练习《县城亮起来了》，这样借助课文有例教学，既培养了学生的表达能力，更培养了学生创造思维的品质。

四、童话故事，引路训练

“童话”和“童心”，心心相印。那一篇篇富有童趣的故事内容、一个个活生生的人物形象、一段段扣人心弦的感人情节，给孩子们带来了欢乐，带来了知识。投其所好，引导学生从童话故事入手，通过各种活动来训练他们的说写能力，颇为有效。

1. 听童话

童话故事富有童心童趣，孩子们特别爱听。根据学生的年龄特点，可选择他们感兴趣的内容，如《白雪公主》《聪明的乌龟》《聪明的小猴子》《东郭先生和狼》等，在听故事时注意培养学生的注意力，训练他们边听边忆，听到后面的内容不能忘了前边的内容，听完后才能留下完成的印象。听后要求学生把故事内容说出来，同时要有一定的语感，意思要完整。

2. 讲童话

低年级儿童爱听童话也爱看童话。他们从广播电视上、故事书上、各种画册上看到不少的童话。可以利用班会、故事会等形式组织他们讲童话，搞讲故事比赛。这样的活动，更能激发学生的兴趣，把他们带进童话的世界。

3. 编童话

在低年级的课本中有许多童话故事，情节生动，并配有一些彩图，是训练学生说写能力的好材料。指导学生编童话故事，首先要指导他们仔细观察图画，在了解图意的基础上结合生活实际，展开合理想象，这样启迪了学生的智慧，训练了思维的敏捷性，从而表达能力也得到了有效提高。

五、课外活动，持之以恒

培养学生的说话能力，不能仅局限于课堂，必须与课外活动结合起来。做到课内提要求，学方法，严格训练；课外多练习，巩固和发展训练成果。学生的生活内容很丰富，教师要充分地、不失时机地利用这丰富多彩的生活和广阔的社会背景或自然环境来训练学生说话。如，利用节假日开展活动，让学生把这些活动经过说一说，即便是三言两语，也要鼓励他们，使课外阵地成为说话训练的“练兵场”。

总之，多途径、多形式，持之以恒坚持说话能力训练，一定可以培养学生浓厚的语文学习兴趣，培养学生良好的语文学习习惯和学习能力，促进语文教学质量的整体提高。

让识字教学课堂“活”起来

识字教学是儿童学习文化、掌握知识的奠基工程，新课改革后，低年级的识字量大大增加。繁重的识字任务要求我们教师要注意结合儿童的心理特点，以灵活新颖的形式，激发学生的识字兴趣，提高学生的识字能力。《语文课程标准》指出：识字教学要将儿童熟识的语言因素作为主要材料，同时充分利用儿童的生活经验，注重教给识字方法，力求识用结合。运用各种形象直观的教学手段，创设丰富多彩的教学情境。根据实践，我认为应从以下几点进行识字教学：

一、生活化识字

在学习汉字之前，小学生已通过口头语言积累了相当数量的口语词汇，在识字教学中要充分利用儿童已有的生活体验和知识经验。如教《秋天》这一课，一上课，我便用投影出示了一幅美丽的图画：蓝蓝的天空、雪白的云朵、黄澄澄的稻田、欢快的燕子、落叶的梧桐……好一派金秋的景象，孩子们被深深地吸引了。当时正值秋天，我还特意拣来一些落叶给同学们看。接下来我根据课文的特点，让同学们快速在课文中找朋友（画词语），并引导学生朗读。我对词语的朗读又有新的设计：先把这些词语编成小诗，课文内容就浓缩在小诗中，配上音乐读给学生听，然后让他们看着画面，一边想象一边读。把一个个孤立的词语变成一幅美丽的图画，变成一首可爱的小诗。学生在轻松愉快的氛围中认识了字，记住了词。

二、情趣化识字

低年级学生刚刚从游戏、玩耍的世界中踏入校门，各方面的发展都缺乏持久性、连续性和稳定性。因此在进行识字教学时要时时保持教学内容的丰富，学习形式不断变换，要足够新颖，使学生“愿学”“乐学”。开展游戏活动猜谜语、编儿歌、编故事、送生字宝宝回家、找朋友……让学生在愉快的状态中识字，或采用电教手段，使生字变得有形、有声、有趣，使学生在直观形象的情境中识字。在教学“反义词”识字时，我采用“找朋友”的游戏，把反义词写在卡片上，按学生分好的组把卡片分给学生。学生的好奇心特别强，组内就议论起来：“我是‘正’，你是什么？”在交流的过程中，本组的字就基本掌握了。开始找朋友了，同学们在其他组内找到了自己的的朋友，交换了卡片后又回到了自己的组内交流。整个过程中学生识字效果很好，反义词也记得准确熟练。学生在游戏中兴趣盎然地识字，学习不再是一种负担，而成为一种乐趣、一种享受。

三、自主探索识字

《语文课程标准》指出：识字教学的目标倡导的是自主、合作探究的学习方式，最终目的是让学生独立识字。因此在教学中要注意引导孩子们发现并掌握识字规律和方法，逐步培养学生独立识字的能力，鼓励孩子用自己喜欢的方法识字。在课堂上多提问“你发现了什么？”“你能用什么更好的方法记住它？”，给学生留出自主识字的广阔的空间。实践证明，在这样的学习氛围中，学生的聪明才智得到充分的发展。记得有一次学习“显”字，我便采用了这种方法，同学们纷纷举起小手回答，我惊喜地

发现班中一个平时最不爱回答问题的同学也举起了手，他回答出了“今日开业便是显”，这使我非常激动。

我和学生一起探讨了很多识字方法。一是分一分（或称加一加）。就是把两个或者两个以上的已经学过的熟字，拼揍在一起，成为一个新的字。如：舌＋甘＝甜；三木为森。二是减一减。就是从一个熟字中去掉某一部件。如：学“乖”字，学生从学过的“乘”字中得到启示，“乘车人下车了”，“乘”字去掉撇和捺。三是换一换。教学形声字常用的方法，通过熟字的部件来记住生字。如：“霜”换相为田就成“雷”；换相为路就成“露”；换相为务就成“雾”。四是演一演。用动作来表示字形。如学习“披”字时，学生容易与“报”字相混。我让学生这样记住的，拿起自己的衣服做了一个“披衣”的动作，口里还念念有词：用手披上皮（衣服）。五是顺口溜。汉字构字是有规律可循的，一些象形字和形声字都能编制成顺口溜或儿歌的形式，学生记起来很容易。如学习“清、晴、请、精、睛”，可编制成这样的儿歌：“人水方说清，有日是天睛，有言去邀请，有米人精神，有目是眼睛。”

四、开放环境中识字

识字教学不能局限在课本和课堂上，现实生活中有许多让学生识字认字的机会和渠道。一是利用校园环境识字。学生一走进校门，校名、校风、学风、教风、宣传标语、黑板报……这些都是学生识字的素材，经常引导学生认认这些字，天长日久学生就会不由自主地把我们的校园与识字、认字结合起来。二是利用社会环境识字。每天都有铺天盖地的广告、招牌，要求学生利用家长带他们上街、旅游、活动等机会，开开心心地识汉字。一次可能记不住，但是次数多了，就会在不知不觉中认识很多汉字。三是利用电视媒体识字。学生最爱看的是一些少儿节目，像儿童故事片、动画片等，学生能从中获得知识、乐趣，所以引导学生看电视时，注意认读字幕，不懂的问家长。电视广告也是儿童最爱看的，也可以帮助学生识字。

五、运用中识字

课堂中学到的字，如果巩固不及时，学生就会完全遗忘。因此，识字教学要及时为学生创设练习和运用新知识的机会，如让学生组词、用词造句，让学生学说话、写话等等。只有这样，才能实现“识用结合”，巩固学生识记的生字，同时也发展了学生的语言能力。

识字的方法多又多，让我们乘着课改的风帆，大胆地进行创新，进行尝试吧，让汉字成为同学们的好朋友。

以“说”促进学生在语文学习中自主发展

听说读写是语文学习的基本能力要求，我们往往注重读写，忽视听说。而实际上，语文中的“说话”训练并不等同于常见的聊天，而是一种渗透在由“反思”到“调控”，再到“优化”的各个步骤中的思维训练。以“说话”作为方法载体，注重创设学生发展的生态环境，形成“自主探究性学习”的课堂模式，引导学生在各学习环节中敢说、会说、善说，在“说”中进行自我反思、自我评价、自我调节、自我监控和自我优化，有利于学生自己把握学习的速度与结果，掌握学习方法，优化学习心理，提高自学能力，从而使“自主探究性学习”模式成为可能。

一、“说话”训练的方式

“说”的表现形式不同，大体有以下几种：一是自述；二是讨论；三是总结与评价；四是质疑。这几种方式灵活地体现在不同环节、不同的学生身上，因内容而异，因人而异，有时也因情况而异。

二、“说话”训练的内容

一是明确学习目标，并及时回忆；二是重新审视学习过程；三是总结课堂学习的收获，比较各种结果的优劣；四是整理出知识的重难点；五是思考学习上出现的偏差并及时矫正；六是回顾学习方法的正确性与调整。学生的这种训练最初重点体现在自我反思、自我评价环节上，随着能力及心理水平的提高，逐步迁移到自我调节、自我监控，最后达到自我优化。在具体操作过程中，要体现循序渐进性和因材施教产生的偏重性与跳跃性。

三、以“说”为主的训练步骤

（一）鼓励学生敢说，发挥“效能期待”的作用

一是明确目标，构建知识目录，并确立能力发展目标，确保效能期待。二是及时鼓励，让学生积淀成功自信心，特别是对学困生要注重在挫折中多鼓励。三是允许错误，给学生以安全感，对不同学生允许的度不同，不只用考试和分数刺激学生。四是创设宽松氛围。对成绩好的学生要让他们做发言中的先行官，但明确提出发言的错误率要递减；对学困生要主动让他们到老师面前口述，允许他们在任何场合的发言中出现理解错误，在他们发言时，教师要适当引导，以巩固他们的自信心。

（二）点拨学生会说，使他们掌握方法

具体实施步骤是：一是课前说清，自我反思预习成果得失。要引导学生独立完成预习过程，课前交流，反思调节预习思维和结论。二是课上说足，自我评价课堂绩效，反思听讲过程，调节思维行为表现。可以汇报、讨论学习效果，从而综合比较、评价、调节预习与学习绩效。三是课后说透，自我评价、调控学习心理与学习思维。

遵循的原则是：一是对不同的学生，自我训练的目标、侧重点可以因人而异，教师要让学生不断地看到自己在评价时间内、在某一方面的成功与进步。二是重在让学生参与，让他们掌握学习方法，养成良好的学习习惯，具备优良的学习心理。三是对学困生而言，他要完成上述过程，就要克服相当大的困难，因此

还需要教师参与他的学习过程，还可以灵活改变策略。

（三）引导学生善说，使他们具备自主学习的优化心理

一是向周记本做全面的倾诉。我让学生写学习周记，内容是回答“自我问题单”上的问题：这一节课我预习得充分吗？哪些是我预习时没有想到的？我分析文章时考虑得全面吗？我注意发言的质量了吗？我注意倾听别人发言了吗？我注意及时归纳总结了吗？这一节课我的收获是哪些？我的这种学习方式能达标吗？……学生不必像简答题似的逐项回答，可以综合地去说，也可以有侧重地分析。这也是一种表白方式，可以让学生关照自身的学习状态及自我评价与反思的状态，对自身有一个冷静客观的评价，同时也有利于教师宏观了解每个学生的情况。

二是每两到三周，教师可以抽样了解学生学习情绪、意志力变化，可以采用座谈会、谈心的方式去了解。

三是在发言、讨论过程中，教师还要引导学生充分掌握分析技巧、说话表达的技巧等，这些都是巩固成功心理的关键。

四是教师要不断辅助学生发现偏差后及时调整，并鼓励学生尝试监控自己的学习情况。

综合上述，我在语文教学中是充分尊重学生的心理需求、个性特点，充分挖掘学生的个性潜能，是让学生充分发挥自主性，跃到高处，以第三者的身份，旁观自己的学习过程，从而整理显示出自己的学习思维、学习行为和发展的状态，真正获得学习方法，提高学习能力。这样以“说话”训练作为突破口，让学生在“谈”中热情参与、学有所获，以说为主的学习心理训练体系，会使语文学习成为一种完全自主的行为，形成积极的良性循环，养成良好的学习个性，并受益终身。

谈谈语文教学中比较法的运用

比较教学，能够将知识彼此联系，让学生在比较揣摩中不断巩固已学的知识，还可以激发学生学习兴趣，形成正确的思想认识并促进语文能力的形成。

一、抓住关键字词比较

课文中的一些关键字词的音、义往往不易把握和理解，讲述新课时，如果只是简单孤立地讲解，学生印象不深，可能不长时间就忘了；如果联系一些已学知识，让学生从新旧知识的比较中真正掌握其意义，则不仅加深了印象，还能举一反三。如解释“范增数目项王”中的数（shùo 多次），我援引了“数（shù，数量）以千计”和“数九寒天”“数风流人物，还看今朝”（shǔ，计算、列举）等来比较，学生对其音义的了解就明确多了，既掌握了新知识，又复习了旧课。

二、比较同一题材的篇目

同样的题材，由于作者的立足点不同，所处时代不同，思想上存在差异等多方面的因素，会产生不同的学习效果，进行比较很有意义。如学习朱自清的《荷塘月色》，可以拿来与周敦颐的《爱莲说》、李渔的《芙蕖》和孙犁的《荷花淀》中的有关片断进行

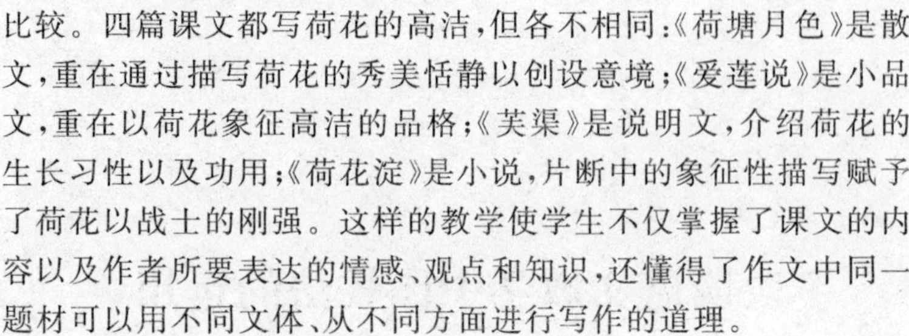
比较。四篇课文都写荷花的高洁，但各不相同：《荷塘月色》是散文，重在通过描写荷花的秀美恬静以创设意境；《爱莲说》是小品文，重在以荷花象征高洁的品格；《芙渠》是说明文，介绍荷花的生长习性以及功用；《荷花淀》是小说，片断中的象征性描写赋予了荷花以战士的刚强。这样的教学使学生不仅掌握了课文的内容以及作者所要表达的情感、观点和知识，还懂得了作文中同一题材可以用不同文体、从不同方面进行写作的道理。

三、比较相同主题的篇目

作品的相同主题可以通过不同的题材和形式表现。鲁迅先生的《故乡》《药》和《阿 Q 正传》，其主题都是揭示了辛亥革命的不彻底性，但其形式、题材各有特点。《故乡》主要通过对比描写使主题得以表现；《药》则通过反映老实善良的华老栓一家对革命不理解，竟以革命者的鲜血为药的可悲现实，揭示辛亥革命的不彻底性；《阿 Q 正传》通过一个对革命不理解而又要求革命，最后走上刑场的没有觉悟的农民的悲剧，来表达辛亥革命没有发动农民，最终导致失败的主题。通过比较，学生既学习了新课，又复习了旧课，且能培养自读能力。

四、比较同一体裁的篇目

同一体裁的文章，既有共同特点，又存在细微的差别，在教学中注意分析比较就可以发现，同体裁文章也可从不同角度采用不同方法进行描写、叙述、议论、抒情和说明。学习游记《游褒禅山记》和《石钟山记》，我引导同学们将之与《天山景物记》《雨中登泰山》和《晋祠》等课文进行比较分析，让同学们懂得游记有多种方法，可以以写景抒情为主，也可以以议论说理为意旨。再如《〈农村调查〉序言》《〈呐喊〉自序》《〈指南录〉后序》，让学生在比较中找出这些序文的相同点和不同点，从而真正了解“序”的特点，学会序言的写作。

五、抓住写作方法进行比较

文章的内容总是通过一定的艺术形式体现出来，扣住课文的艺术特点，联系已学知识进行比较教学，就能让学生较好地达到理解运用的目的。《威尼斯》一文作者将威尼斯水上的小夜曲写成“酽酽的酒香”，学生一时难以理解，我引导他们回忆《明湖居听书》中将声音描写成“如新莺出谷，乳燕归巢”“像一根钢丝抛入天际”“恍如由傲来峰西面攀登泰山的景象”的句段，回忆《琵琶行》中将声音写成如“大珠小珠落玉盘”，如“间关莺语花底滑，幽咽泉流水下难”，如“银瓶乍破水浆迸，铁骑突出刀枪鸣”等诗句，借此引导学生：声音是无形的，却是可以感受的，而感受是多方面，可以是听觉，也可以是视觉、嗅觉和触觉等。对声音的描绘，不仅可以从听觉，也可以从其他诸感觉方面来描绘，变无形为有形，因为感觉是相通的，通过以上比较分析，学生对语言特点会有更深层的理解。

六、引进课外知识进行比较

讲授课文，适当引进一些课外材料进行比较阅读，可以帮助学生理解课文，扩大视野。《雨霖铃》中“今宵酒醒何处？杨柳岸晓风残月”，为了让学生更好地认识通过典型景物描绘来寄托人的思想感情的方法，我引入了马致远的《天净沙·秋思》中的“枯藤老树昏鸦，小桥流水人家，古道西风瘦马。夕阳西下，断肠人在天涯”这些句子来比较以帮助理解。姜夔的《扬州慢》描绘了金人南侵后杨州城的荒凉景象，讲读教学中，我引入了杜牧的《遣怀》《赠别》《寄杨州韩绰判官》等诗，让学生从中了解昔日杨州城的繁华热闹，两相对照，学生更真正理解了金人南侵杨州城带来的灾难，自然就领会了“杜郎俊赏，算而今，重到须惊”的缘由了。

此外，还可以进行人物比较，如林冲和鲁智深；进行作品风格比较，如柳永和苏轼的作品，李清照早期与晚期作品间的比较等。

总之，比较法对于语文教学来说，是非常成功的一种方法。当然，采用比较法进行语文教学，教师必须阅读广泛，知识渊博，下大气力备好课，才能给学生以明确的记忆和灵活的理解运用能力。

语文教学作业布置的三点想法

一、让语文作业与生活相吻合

《语文课程标准》强调“欣赏文学作品，能有自己的情感体验，初步领悟作品的内涵，从中获得对自然、社会、人生的有益启示”。那么，体验什么呢？当然是体验作品中的情景和形象，体验作品中的情感并实现情感上的认同。比如讲朱自清先生的《春》，就要使学生体会文中所描绘的春天的美景，了解作者对春天的喜爱之情，进而更加热爱春天。怎样达到最佳效果呢？最好就是在春和景明的天气里，领着学生来到田野里，沐浴着和煦的春风，嗅着野花的芬芳，看着大自然的美景，吟咏着“盼望着，盼望着，东风来了，春天的脚步近了……”不待老师讲解，学生对作品的体验就会很深刻，作者对春天的盼望与喜爱之情不讲自明。再如学习《沁园春·雪》，走在冰封的土地上，望着天空纷纷扬扬的雪花，吟咏着“北国风光，千里冰封，万里雪飘……”这比任何一个多媒体课件设计的情景都要有效。所以，不能忽视大自然，真实的大自然是学生学习的最佳情境，要让学生观察生活中的美，感受生活中的美，描绘生活中的美。所以，语文作业之一就是要求学生读熟、熟读直至背诵。

学生的现实生活同样是语文综合实践活动的源泉，蕴含着丰富的体验资源，父亲节来临时，让学生回家对父亲说一句祝福

的话，报答对父亲的爱；母亲节到来时，让同学们制作一张卡片，当作送给母亲的礼物，让母亲感受到养育子女的光荣；在教师节临近时，让学生当小记者，采访老师，了解老师生活中的酸甜苦辣，从而懂得对老师感恩，就这样结合生活引导学生参与，让学生在参与中得到锻炼。

二、让语文作业与历史相联系

汉语是我们的母语，是我们生活中最重要的交际工具，作为它的载体的语文与其他学科的联系要密切，尤其与历史。长期以来就有“文史相通”之说，在语文教学中如果找准语文学科与历史学科的结合点，恰当地利用文史结合，可以让学生更好地了解作品，从而更好地理解作品的感情倾向。

一是利用历史课本中的思想文化章节了解作者及相关作品。不管是《中国历史》还是《世界历史》课本，都有思想文化章节，介绍那一时期思想文化方面的成就时，肯定对有着巨大贡献的文化巨人生平也做了详细的介绍。在教学中，在文学文化常识方面如果引导学生回顾历史，会起到事半功倍之效。如学习《论语》时，让学生结合历史来介绍孔子的生平和思想；学习《陈涉世家》时，让学生回忆历史介绍司马迁的《史记》。

二是利用历史了解作品创作背景，体会作者思想感情。学习岳飞的《满江红》、辛弃疾的《京口北固亭怀古》可以引导学生回忆宋朝一建立时有名的历史事件“杯酒释兵权”，让学生明白宋朝军事力量薄弱，无力抵抗周边少数民族的入侵，因此有志之士壮志难酬也就在所难免。

三是利用历史事件深入理解语文内容。教学《纪念伏尔泰逝世一百周年的演说》时，就应该回忆法国的启蒙运动，这样无需讲解学生就会体会雨果对伏尔泰的赞扬、崇敬之情。

三、手抄报是最好的语文作业

语文作业很多，我认为手抄报是最好的语文作业。可以让所有的学生都动手动脑，亲自尝试。这样进行多种能力的训练，有效提高他们的思维能力、阅读能力、社会实践能力以及文学美学素养。

一是通过办报可以培养学生认真严谨的学习态度，锻炼多种能力。学生为达到较好的整体效果会努力做到题材多样、文体多样、文图并茂、书写工整、排版均匀，这样一份高标准的作业——手抄报也就完成了。

二是可以锻炼学生的写作水平，培养真挚的情感。我们可以让每一期手抄报有一个主题，比如以“夏日乡情”做主题，就非常切合学生在暑假生活的实际。作品内容可以让学生自己写，习作可分为写人、叙事、写景几类。写人，可以颂扬乡亲的美好心灵，努力挖掘他们心灵中闪光的东西；也可以写家乡文化生活的贫乏，青年人意志的消沉，对不良恶习的忧虑，这也是对家乡充满深情的爱的另一种表现。叙事，无论是追叙过去在家乡的所见所闻，还是暑假中的经历，无论是写父母乡亲勤劳致富奔向幸福的业绩，还是新人新事新貌，都能着眼于反映家乡人民在新农村建设思想风貌等方面的变化。这些都可以很好地培养学生真挚的情感。

当然，手抄报牵扯着办报的方法、技巧等问题，需要老师加以指导。把手抄报当成作业要注意以下几点：首先要不断探索研究，形式要多种多样，但指导思想必须明确，那就是力求全体学生都感兴趣、乐于去做，努力做好，不把作业当成沉重的负担。其次是要体现综合训练，尤其能有利于思维能力的训练，要多方面培养学生的能力。再次设计要引发学生的表现意识、参展意识等，让学生认真、扎实、有创造性地完成作业，充分表现他们自己的才华，提高学生的综合能力。

教学中态势语言的运用

态势语言，是一种以说话人的表情、手势、动作、眼神等来传递信息，诉诸听话人视觉的无声伴随语言。在教师的教学过程中，它包括教师的动作、表情、语调、服饰等的配合。教学是一门综合艺术，课堂上，教师就是个导演，不仅应该具有丰富的知识和口若悬河的语言表达能力，而且更应该具有表演家的风范。眼、手、神、情都应参与调配，一招一式恰到好处，才能真正取得理想的教学效果。

那么，在教学中如何运用态势语言呢？

一、仪表服饰应朴素大方

仪表服饰，既是一个人的外表装饰，又是一个人心灵的外在表现；既是一个人审美情趣和审美标准的反映，又是一个人思想品德、情感意志、气质性格和文化修养的综合反映。

教师的服饰应以庄重、整洁、朴素、大方为宜，体现人师风范，为人师表的“表”包含了仪表这一内涵。教师的举止风度、衣着服饰等，都是一种教育信息，也就是平常说的示范功能，它无时不在对学生起潜移默化的影响，“学高为师，身正是范”“身教重于言教”，正说明示范功能重要性。我们说，服饰是一个人的名片，能折射出一个人的思想灵魂。教师应具有仪表堂堂、风度翩翩，娴静、儒雅的学者风度，既能显示出教师丰富多彩的精神世界，又有给学生以美的享受，如果教师追求款式的时髦、色调的鲜艳，就失去了本身具有的稳健成熟的魅力，会分散学生的注意力，影响正常的教学工作。

二、表情应自然得体

人的表情千变万化，是人的思想感情最灵敏、最复杂、最微妙的一张“气象图”。而把握面部表情的关键应该是眼神和微笑。讲课，既要学生听，又要学生看，有经验的教师讲课不是对着学生的耳朵说话，而是对着学生的眼睛说话，和蔼可亲的态度，投射给学生亲切、温柔而又充满鼓励的目光，让学生感到温暖可亲，心情放松。唯有这样，才能缩短师生之间的距离，营造出良好的教学环境。教师还应该能够沉浸在教材特定的氛围中，情随意境、情节、人物的遭遇而迁动。表达爱，表露出热情亲切、平缓柔和；表达恨，表露出眈眈而视、锋芒逼人；表达兴奋，就要睁开眼睛，让它散发出兴奋的光芒……利用自己的表情生动而巧妙地展示教材内容，就能起到此时无声胜有声的作用。

三、语调应抑扬顿挫

语调是说一句话里语音高低轻重的配置，从心理学角度来看，优美的语调能给人以愉悦感，使学生处于积极兴奋的情绪状态，产生强烈的求知感知欲望，积极有效地展开思维，若没有抑扬顿挫，没有轻重缓急，始终一个声调，学生便会或昏然而睡，或焦躁不安。设计语调应根据文体、内容而定，如抒情散文的热情洋溢、激情奔放的语调，突出意境美；政论文的慷慨激昂，庄严郑重，突出义正辞严的论辩力量。

四、动作应协调适度

培根说:“手势是口语表达的第二语言。”丰富多样的手势与有声语言的结合,在课堂教学中尤为重要,它一方面能增强学生的注意力,另一方面也使有声语言更加绘声绘色、生动形象。例如,一位教师在讲《守财奴》一课时,当讲到“抢到了一个金子的梳妆匣”时,两臂微举,身子一纵,扑向前去,一把抓住讲台上的粉笔盒,学生见状笑声不已。教师的动作手势使葛朗台抢梳妆匣的形象活灵活现,展现了他爱财如命的本质,学生通过这一动作手势进一步加深了对课文描写的理解。

在教学中,教师还要特别注意课堂上的举止。坐、站、行、走都要表现出教师应有的文明、庄重、洒脱的风度,树立教师良好的讲台形象,举止得体、稳重洒脱的身姿配合有声语言也能收到良好的表达效果。如不注意姿势,讲课时抖腿摆头、抓耳挠腮、抠鼻子、摸胡子等,都有失教师的风采。

总之,教师的一个表情、一种语调、一个动作、一种服饰,胜过千言万语,教学中善用态势语是一种美的艺术,教师特别是语文教师应该追求这种美的艺术,以其美的魅力吸引学生,取得最佳教学效果。

古诗教学之我见

古诗是中国灿烂文化遗产中的瑰宝，它语句铿锵，极富韵味，语言表达简洁含蓄，极富美感。古诗文的积累和阅读，会增强学生对美的鉴赏力，从优美的诗句中感悟人生，体会诗人的情感。结合自己的实践，就古诗教学谈几点体会。

一、会心吟诵得其神韵

在古诗教学中，诵读、吟诵是对诗最大的爱护。吟诵的整体性，吟诵的音乐性，吟诵和诗的直接晤面，都在小心翼翼地保护诗作为一个整体、作为一个生命的存在。当然吟诵得讲究方法，不是傻傻地吟诵，不是小和尚念经有口无心，而应该体会诗的整体意境。如我在教授《题临安邸》《秋夜将晓出篱门迎凉有感》时，诵读不是一次到位，不是作为教学的一个环节，而是融入到教学的全过程，吟诵成了这节课最基本的策略，以吟诵为主线穿插着背景的介绍、诗眼的挖掘以及意境的构建。有一个步骤设计得很巧妙，老师引领学生反复吟诵：十年过去了，“遗民泪尽胡尘里，南望王师又一年”；五十年过去了，黑发人都已经熬成白发人了，但是“遗民泪尽胡尘里，南望王师又一年”；一百年过去了，一百五十年过去了……直到南宋小朝廷被元朝灭亡的那一天，北宋的遗民们依然是“南望王师又一年”。这是诵，反复地诵，这样的诵能够得其神韵。总之，古诗的诵读，要讲究整体性，要融入到教学的整个过程中去，千万不要只把它当作一个环节。

二、体味感情，与作者产生共鸣

古诗的表达往往是言近而旨远，景近而情深。不论是写人、记事、状物还是绘景的诗，不论是抒情还是叙事的诗，无一不是社会生活高度集中的概括，使诗文思想感情升华。如柳宗元的《江雪》，通过概括描写环境衬托人物，精刻细节来突出人物性格，立意含蓄深刻，选材详略得当。其中的感情，学生很难一下子领悟出来。这时就应该让学生去搜集、查询作者的有关资料，让学生搞清楚这首诗的写作背景：当时，柳宗元是朝廷中主张改革的重要官员，由于革新失败，他被贬为邵州刺史，未到任又被贬为永州司马，这首诗正是他被贬为永州司马时的作品。柳宗元被贬到永州之后，精神上受到很大的刺激和压抑，于是就借描写山水景物，借歌咏隐居在山水之间的渔翁，巧妙地表达自己被贬后的那种失意寂寞的情怀和不愿与当权者同流合污的思想。《江雪》这首诗正是诗人当时心境的真实写照。这样，学生了解了诗的写作背景，再去理解古诗，就会水到渠成。

三、注重凝练句子的理解

古诗讲究凝练，即用极为有限的词句，表达尽可能多的思想感情。因此，在古诗中词序的颠倒、词语的省略，甚至句子成分的省略比比皆是，所以句与句、词与词之间的内在联系，初看起来显得难以捉摸，领悟整个诗篇所描写的意境就更难了。教学时可激发学生运用已有的知识和生活经验，逐个弄清字词句含义及其内在联系，然后，要求他们用现代语言，通过课堂口述或书面作业比较准确地把一个个诗句译出来，进而贯通全诗内容。

如《早发白帝城》后两行作者先写猿声，继写轻舟，又用上一个“已”，把前行的“啼不住”和后行的“过万重山”紧紧联结起来，描绘出这样一个惊心动魄的场景：当两岸猿声还在耳边回响，一叶轻舟却已经飞过了无数险滩，闯过了千山万岭。在这里诗人还十分巧妙地使用了衬托修辞手法，借猿声的回响深沉衬托轻舟的快捷，借万山迭让衬托长江的无限雄伟，又在“舟”字前面加上一个“轻”字，就从三个方面表现了长江水流之大之急。学生便不难想象出万里长江的雄伟气势，感受到诗人李白乘风破浪勇往直前的壮志豪情。

四、学会赏析灵活多变的写作技巧

诗人描写事物时，除了采用白描的表现手法之外，更多地采用夸张、比喻、对偶等修辞手法，若能稍加赏析，定能受益匪浅。

“返景入深林，复照青苔上”“孤帆远影碧空尽，唯见长江天际流”“春色满圆关不住，一枝红杏出墙来”……这些诗句都是用白描手法写出事物的；又如“不知细叶谁裁出，二月春风似剪刀”（比喻、拟人），“白日依山尽，黄河入海流”，“两个黄鹂鸣翠柳，一行白鹭上青天”（对偶），“平明寻白羽毛，没在石棱中”（借代），“飞流直下三千尺，疑是银河落九天”（夸张）等诗句运用了多种修辞手法。

五、教学中需要特别注意的问题

由于小学生对古诗不如对一般文章熟悉、了解，因而教学时还要注意以下四点：一是介绍作者和时代背景不要过细过全，否则会转移学生的注意力，遥远的历史知识还会增加学生感知的难度。应该只选择与该古诗有密切关系的且有助于帮助理解诗意的内容重点介绍。二是体会感情和意境，切莫“满堂灌”。“托物言志、借景抒情”是古代诗人写作的一大手法。教学时可通过分析诗句，点拨诱导和展示有关图画，或运用多媒体形象直观、逼真的教学手段，将抽象的文字符号还原成活生生的画面，帮助

学生理解诗句，可采取诗中画、画中诗、并边读边想的方式促进学生在快活中学习枯燥抽象的诗文。三是古诗翻译时不要过死。每篇古诗下面都有一个醒目的作业题——用自己的话说一说这首诗的大体内容。只要学生翻译的文章不扭曲作者的原意，只要把大体意思说明就可以，切莫在文字、字数、通顺及表达方式上吹毛求疵，要求过严。四是分析讲解不要太深。新课标要求，小学古诗教学是让学生在合作探究过程中热爱古代文化，学会朗读、体会文章思想感情，用学到的知识去丰富。

总之，古诗以它独特的文学形式在我国浩如烟海的优秀文化中一直闪耀着灿烂的光芒。古诗教学也应遵循学生的身心特点，灵活科学掌握，把握好节奏和方法，让学生热爱古诗，学习欣赏古诗，从古诗中开智力之泉，养浩然正气，立奋发之志，为将来的发展奠定基础。

浅谈语文课堂教学中的提问艺术

课堂提问是一门重要的教学技艺，它是师生双方共同提出问题和解答问题的过程，是教师培养学生思维能力的过程，是师生交流的平台，是调动学生思维积极性的重要手段，是达到师生互动课堂教学效果的重要途径。课堂提问是一门艺术，运用得好，能帮助学生走进新课程，使他们真正成为学习的主人，能开发学生潜能，培养学生创新精神，优化教学效果，从本质上提高学生的综合素质。下面结合自己的语文教学实际，就课堂教学中的提问艺术谈四点看法，和大家交流。

一、巧设问题，引导学生充分解读文本

教师在课堂教学中提问，必须以所有学生都积极参与并有效地学习为前提，要以学生的学习兴趣、基础水平和性格特点、反应能力等为中心。在课堂教学中教师如果只从自己的角度去设计问题，容易使学生处于被动地位，达不到预期效果。每一节课主要问题的设计必须紧扣本节课的教学目标，巧妙设计出问题。通过一两个问题来牵动课文与学生，学生的思绪才能被课文内容紧紧吸引。例如教学《我的叔叔于勒》，为了让学生理解菲利普夫妇态度变化的经过和资本主义社会人与人之间的关系是金钱关系这一主题，可问："菲利普夫妇是怎样对待亲弟弟于勒的？他们的态度变来变去，不变的是什么？"再如教学《沙漠里

的奇怪现象》可提问:“沙漠里有哪些奇怪现象,为什么会有这些现象呢?作者解释这些现象的目的是什么?”两个问题就能引导学生把这篇说明文所阐述的内容及中心思想都理解了。在具体的课文教学中,教师要领悟文本,并能设计出恰当的问题来引导学生思考,让学生揣测作者的想法,深入感悟文本,达到开发学生思维的教学效果。

二、创设情境,有效引导学生丰富体验

任何优秀的文学作品,都倾注了作者强烈的思想感情。学生个体的差异性,导致阅读体验千差万别。教师要珍视每个学生独特的生活经历、感受理解,巧妙设计问题,用这种问题给学生搭架一座与课文作者、与其他人对话探讨的桥梁,引导学生学会结合自己的体验从各自不同的角度思考问题、分析解决问题,以达成对学生有效的情感态度和价值观的教育。

初中学生阅读理解的能力还不强,但思维活跃,想象力丰富。教师尽量能够利用教材中描绘的情节、场面、画面,通过提问把学生引入到课文描写的情境中,与作者产生感情上的共鸣。这样的提问,调动了学生的学习兴趣,使学生的思维更加活跃。如《背影》一文中有一段关于父亲背影的描写,是课文的重点部分,只有理解了这部分内容才有助于学生理解本文的主题。我首先要求学生仔细地观察教材中的插图,然后阅读这段文字,接着要求学生闭上眼睛默默地想象:“父亲的体形怎样?衣着如何?爬上月台有哪些动作?”当这些画面一一在学生脑海中闪过后,我发现学生的神态有了细微的变化,然后我再提问:“父亲的衣着和‘我’的衣着有何不同?父亲买橘子不容易为什么还要亲自去呢?”由于学生已经进入问题的情境之中,所以讨论的时候就非常热烈,教学效果自然比较好。

“随风潜入夜,润物细无声”,课堂教学借助这些巧妙的提问,创设一种艺术情境和情感气氛,给学生提供更多的情感体验

机会，引导学生在阅读课文中经历生活、积累感情、丰富体验，提高了对文本、对生活的感受力。

三、渗透德育，使学生受到潜移默化的感染

课堂中的提问，应该渗透德育教育。通过提问，深入挖掘作品中的内在思想因素，通过分析阐发，使学生受到潜移默化的感染，培养他们热爱祖国、忠于人民、追求真理、献身事业的高尚情操和奋发进取等优良品德，很好地完成教书育人这一根本任务。

我曾在杂志上看到过一篇文章，讲述的是两位教师都上《悲壮的一幕》这一课的课堂实录。一位教师抓住文中的一些重点句段，引导学生体会文中的主人公在生命最后的几十分钟里首先想到的是汇报工作，这是一个多么伟大的人。另一位教师则抓住重点句段，引导学生理解为什么文中的主人公在生命最后的几十分钟里首先想到的是工作，使学生体会到这是因为他对工作强烈的责任心。这两堂课的效果肯定是不同的，我们可以明显看出，哪一位教师的教学效果更好，德育渗透得更好。第一位教师对学生的德育没有太大的作用，学生只能感到主人公不顾自己生命、大公无私的伟大精神，觉得这个伟大的人物实在太高尚了，但离自己太远了，自己是无法与之相比的，对学生来说太空洞了，主人公变成了“神”，脱离了现实。第二位教师则把主人公拉进了现实，使学生感觉到，自己也可以做到，这就渗透了对学生责任心的教育。

四、巧妙设疑，培养学生的发散性思维

课堂中的提问，还应该使学生在掌握知识的同时，训练和提高思维能力，因而教师应善于从不同的角度启发学生，既拓宽思维的空间，又能培养发散型思维能力。如教授《桃花源记》时，学生认识到作者抨击社会离乱，追求自由幸福的生活。教师提问：

“你愿做陶渊明这样的人吗?”很多学生都认识到“假如人人如此,那么社会就谈不上发展”。这就很自然地引出了陶渊明消极避世的一面。在以“追求”为话题的作文训练中,很多学生都发表了自己独特的见解。

总之,生活有多广阔,语文就有多广阔,语文的外延等于生活,语文课堂提问的技巧也应是无穷无尽的,我们应不断探索,不断提高课堂提问艺术。

课堂教学中如何运用评价语言激励学生

莎士比亚说过："赞赏是照在人心灵上的阳光。"现实生活中，人人都想得到别人的赏识，人人都需要他人的鼓励。如果我们在评价学生时，多一些尊重，多一些赏识，多一些鼓励，就会使学生有被认可的满足感，用充满激励的评价语言，就能让学生获得不断前进的动力，在自信中走向成功。那么，我们教师在新课堂中应该怎样运用评价语言呢？

一、评价语言要以激发学生潜能为原则

教育家霍姆林斯基说过："你在任何时候都不要给学生打不及格的分数。"表扬总比批评有力量，使每个学生露出笑脸是评价的成功，也是教育的成功。教师不应渴求学生观点的完美性，而应尽量去纠正、鼓励学生，注意学生的情绪导向。答对了，可正面表扬；答偏了，可肯定其求异思维；答错了，称其积极参与亦可贵；没有回答，则可解释为学生为求深思熟虑。

当学生因胆子小、没有把握等原因而不敢发言的时候，我们要微笑着说："我相信你是能答上的，大胆地试一试，好吗？"或者说："你总是想准备得非常完美了才举手，其实不必，先把你的想法简单地告诉我！来，说说看！"这样用语言鼓励他勇敢地说，并在说中帮助他说清楚，使其逐渐克服胆怯心理。在他们回答后，千万别忘了鼓励一句："你看，你说得多好啊！以后要把好东西

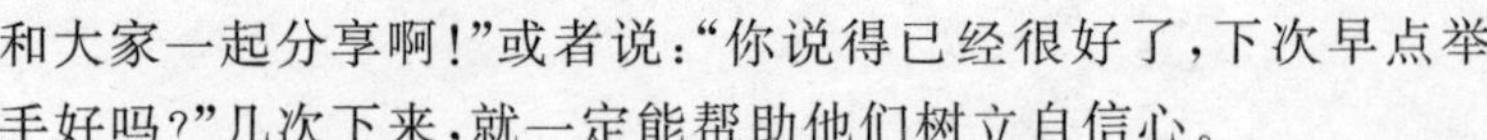

和大家一起分享啊!”或者说:“你说得已经很好了,下次早点举手好吗?”几次下来,就一定能帮助他们树立自信心。

当发现不爱举手的学生举手时,我们要将回答的机会优先让给他们。即使他们讲得断断续续,没有抓住重点,也不要有任何责怪的神态和动作。这个时候,教师继续保持最本真的微笑,告诉他:“你完全可以回答!”或者对他说:“老师相信你,一会儿再叫你!”并要寻找机会让他们亮相。这样,日积月累,这些同学也会渐渐地自信起来,并以更大的热情投入课堂学习,养成乐于发表自己见解的习惯。

别小看一句评价语。俗话说得好:“一句话使人笑,一句话惹人跳”。只有我们用真情、用爱心,多鼓励每位学生,多寻找他们的闪光点,才能让学生体会到教师对他们的关注和期望,体会成功的喜悦,树立起信心,从而激发学习的潜能。

二、评价语言要有针对性

如果教师总是用那种“放之四海而皆准”的浮泛、空洞的赞美性语言来评价学生,或者一味迎合学生而含糊又夸张地过分评价的话,这样会让学生觉得老师的评价不客观、不具体、太虚假、没有真诚感。试想,当教师在学生中逐渐失去“信任感”后,课堂会怎样? 所以,评价要有针对性,或者针对教学目标,或者针对学生学习过程,包括学生在情感、态度、价值观等方面的健康和谐发展和学习方法、学习能力、学习结果等。教师要通过合理的评价使学生在原有水平上有所提升,使评价总能为促进学生的自主发展服务。

1. 针对学生的具体想法与做法给予适当的评价。“能提出这么有价值的问题来,还能想到比较合适的方法解决问题,真了不起!”“你是一个很优秀的记录员,不仅把观察的内容都详细地记录下来,而且还写得非常端正、清晰!”“你真善于观察生活,谢谢你带给同学这么重要的信息!”教师对学生自身努力的过程和结果大加赞赏,有利于促进学生的发展。

2.针对学生的学习态度与学习能力进行评价。“你看,这个小组同学从上课开始一直认真听讲,并积极思考,大胆发言,他们得到的信息肯定会更多!”“你的字总是写得那么工整、漂亮,老师也很羡慕你呢!”“你的归纳能力越来越强了,善于归纳概括的人,一般具备领导才能啊!”

3.针对学生的认知水平和个性特点进行评价。对已经形成良好的学习习惯的优秀学生,教师的评价不能停留在所学课本知识的层次上,要选择独特视角,开阔学生视野,激发他们深入探究的欲望。如:“你不仅思路开阔,而且还有自己独特的见解呢,很了不起!”“你能不能用另外的方法试一下,也许会有新发现!”

三、评价语言要符合学生个性特点

不同的学生有不同的个性,有的胆大,有的胆小,有的鲁莽,有的害羞。如对上课反应敏捷、常插嘴的学生,既要肯定他积极参与,又要逐渐改掉他上课随意插嘴的毛病。当他插嘴时,我就叫停,并对他说:“老师知道你也想说,但你先听听其他同学的回答,做小老师判断一下好吗?”

有一句话这样说:“教师充满魅力的课堂评价语言,虽不是蜜,但可以粘住学生;虽不是磁,但可以吸引学生。”让我们都来关注课堂评价语言,它不是姑息迁就,不是无地放矢,更不是信口开河……而是一种爱,一种温存与睿智、严厉与严格要求相结合的爱。它能够点燃学生心中的希望之火,调动起学生学习的积极性,为学生一步步走向成功提供充足动力,从而使学生形成乐观、活泼、奋进、持久的学习品质,真正促进学生全面、健康、快乐地成长!愿我们每一位教师在课堂中用好评价语言,用爱心去唤醒学生的心灵,用诚心赢得学生的信任,用耐心期待学生的进步,为我们的教育教学营造出一方和谐与融洽的真情空间!

阅读教学

培养课外阅读兴趣　形成良好阅读习惯

课外阅读对于提高学生阅读能力和写作能力有着积极的作用，随着教育教学改革的逐步深入，学生有了更多的课外时间，引导学生充分地利用充足的课外时间，把兴趣引导到课外阅读中来，有着十分重要的意义。对如何培养课外阅读兴趣，形成良好阅读习惯，下面我结合自己的教学实践，谈一下体会与认识，与同行商榷。

一、培养学生课外阅读兴趣的意义

课外阅读，不仅可以使学生丰富知识，开阔视野，增长智慧，培养学生自学能力和良好习惯，而且有利于巩固学生课内所学的字词和读写知识，从而提高阅读能力和写作能力。

其实，不单语文学科，任何一门学科，都要借助于课外阅读的配合与补充。通过实施“多学科，新知识，教点渗透”的课堂教学方法，学生的兴趣就会不局限于教科书，那么寻找新知识，扩大知识面就会成为自觉的行动。

此外，课外阅读还有助于学生形成良好的思想品德和行为习惯。心理学研究表明，少年儿童不仅以观察生活中的人物形象，如父母、教师、英雄人物、劳模、科学家以至同学，而且还以书籍中所描绘的人物形象作为自己理想的楷模和学习的榜样，把自己的行为同“理想的化身”相比较，从而评价自己行为的优劣。

这些榜样和楷模，许多都是学生从课外阅读中获得的。

二、学生课外阅读兴趣的形成

学生课外阅读兴趣的形成受到教师推荐读物、揭示阅读方法、组织读书活动、讲故事等外部条件，以及学生的求知欲望、阅读的志趣、知识的储备、阅读技能的掌握等内部条件的制约。有的学生初步具备了内部条件，但是不熟悉有哪些有趣的书，因此影响着阅读兴趣的形成。另一种情况是由于求知欲不强，或者由于阅读技能掌握得不够，不善于理解着进行阅读，而是囫囵吞枣地浏览一遍，对这样的学生是需要教师加强指导。

教育心理学研究证明，学生的阅读兴趣具有很明显的年龄差异。不同年龄产生的阅读兴趣与读物的性质有密切的关系。据调查，儿童读书兴趣的发展分为以下五个时期：4～6 岁是神话传说期，对于没有时间空间限制的空想世界所出现的生活与事物的神话传说很感兴趣；6～8 岁是寓言故事期，对于寓言故事发生兴趣；8～10 岁是童话故事期，对以实现生活为题材、经由想象所构成的故事发展兴趣；10～13 岁是传记及传奇故事期，对于人类的谋求生存、征服及开发大自然的紧张冒险故事或传记故事发生兴趣；13～14 岁，开始对于情感发展有关系的故事发生兴趣。教师对于这些必须做到心中有数。

三、学生课外阅读的指导

首先，要介绍有趣的读物，帮助儿童读好最初几本书。为此，教师应该首先是课外书籍的积极阅读者，特别应该熟知那些向儿童推荐的优秀的儿童读物，可以选择基本有趣的故事书朗诵或讲给学生听，激发他们的兴趣，进而引导他们自己去阅读。当孩子们开始独立读书的时候，应注意关注儿童好奇心理、求知欲强等心理特点，考虑到他们的兴趣和能力，替儿童选择适当的书籍，帮助他们读好最初几本书。开始阅读时，因根据他们的知识水平和阅读能力，帮助他们挑战浅显易懂的故事书，这样就会逐步调动起儿童课外阅读的积极性，提高其读书的信心和兴趣。

其次，要使儿童爱好阅读，给予自由选择的余地很重要。现在学生自由支配的时间多了，教师要引导他们自主选择自己爱好的书籍，按自己的步调阅读，要讲求阅读方法，既读得快，读得正确，又不准读遗漏。总之，一切不要过多干预，要使孩子愉快地阅读。

再次，教师做好学业指导和生活指导两个方面，前者包括如何激发儿童读书的动机，例如当儿童缺乏求知欲和阅读技能时，教师可以创造条件，使阅读成为他们生活中所必需的东西，激发他们自觉地去找书籍，独立地阅读，从中体会到由阅读所带来的乐趣，刺激他们的求知欲。同时，教师还要提供儿童广泛获得阅读经验的各种机会，鼓动探索，搜集各种参考资料，使之有助于儿童的学习研究，提高书籍欣赏能力和评判能力，通过推荐有益的课外读物，指导学生涵养品德，增进健康，丰富社会经验，以及合理安排课余生活等。

总之，指导学生阅读文艺作品有助于提高学生的阅读兴趣和阅读能力，可以培养健康情感，提高思想认识；指导学生阅读科学通俗读物，同样是培养学生知识兴趣方面的必要补充，能够教育学生产生观察生活，以实例来鼓励和激发他们更好地理解周围现实的意向，帮助他们把课堂学习的知识与生活中观察到的现象联系起来。阅读是最好的学习方式，培养课外阅读兴趣形成良好的课外阅读习惯，对学生的学习和今后的生活都有巨大的影响。

浅谈语文阅读教学中的学习策略

在现今的阅读教学中存在许多弊端，如教学效益不高、学生语文能力不理想等，在诸多存在的问题中，除了由教材与教法造成之外，还有一个很重要的方面，就是教学中忽视了应有的阅读策略的教学，没有形成学生的自我阅读能力。

笔者就阅读教学中的阅读策略谈几点体会与认识：

一、阅读教学中学习策略的重要性

学习策略指学生为了有效地学习和发展而采取的各种行动与步骤。具体而言，学习策略是由认知、学习的监控和学习方法要素构成的协调活动。这一活动主要以学生在学习过程中主动意识、自我监控、自主调节为主要特征。在阅读教学中，真正的着眼点是教学生会阅读，其核心是有效培养学生阅读能力，全面提高学生语文素质。从信息加工理论来看，阅读过程始终是一个输入信息、贮存信息、提取信息和输出信息的认知加工过程。而学习策略在阅读过程中的应用，则是对这一过程认知加工规律的认识、理解和把握。阅读中，它不仅强调学生读什么、怎么读，而且特别强调掌握为什么这样读；同时，还十分注意对学生在情感、认知和计划上自我驾驭能力的训练，有利于学生的思维向深处发展，并获得真实的情感体验。

二、在阅读教学中有效结合学习策略

一是激励原有知识策略。学生的原有知识影响着他们是否和怎样理解与记忆所读的文章。它能产生预期,引导着学生注意那些与预期相联系的内容。同时,它也是读者对文章进行阐述性推理的基础,即具有原有知识的读者能补充文章省略的信息。

二是确定重要信息策略。这是一种精读和略读的阅读技巧。依次策略,读者可以确定作者在文章中所表达的主要意思,把握阅读中的重要信息。

三是提出问题和回答问题的策略。教师提问一直是阅读教学的主要方法,而学生提问则很少运用。指导学生提出问题能加深对文章的理解。学生阅读时提出问题尤其是提出需要综合文章内容的问题,能够使学生积极地阅读,提高学生理解文章和记忆文章的水平。回答有关文章的问题则能提高对文章的理解。当学生不能回答问题时,学生可再次加工有关信息,促进理解。这往往要运用会看的策略,仔细阅读包含答案的部分内容,或者是综合各个部分的内容以形成答案。

四是概括信息策略。通过教学使学生抓住文章的宏观结构,教给他们如何进行概括,学生就能抓住文章的主旨,促进学生对文章的理解和记忆。概括时要让学生确定主要信息,删去琐碎的、冗余的信息。

三、教师在阅读学习策略教学中的注意点

一是学习策略的教学要充分考虑学生的年龄特征和知识基础。传授与他们思维发展水平和知识基础相适应的策略。教师要善于识别主要的学习策略,能够清楚地认识哪些学习策略对某一年龄阶段的学生是至关重要的,哪些学习策略对这一类阅

读材料的学习是不可或缺的。选择的教材和阅读材料也要符合学生的认知和个性特点，能有效激发学生的学习兴趣。

二是学习策略教学对不同的学生应该有所侧重。对智力好的学生应重点教给相应的策略，对智力发展较慢的学生在教授学习策略的同时，还要多反复地练习，并注重策略的适用条件和范围，以促使他们可以根据需要，有效地选择学习的策略。

三是训练大声及时复述策略。对语文阅读教学来说，“有声语言”是外部物质活动向内部心理活动转化过程中一个必不可少的中间环节。及时复述策略的运用有助于学生知识编码和贮存，并把握关键点。

四是教师要给足学生在阅读过程中运用学习策略的时间、空间与安全感。“时间”指学生在初读时需要的准备思考的时间。“空间”指超前准备，积累认知经验，给足活动，放手让学生来充分表现。“安全感”指师生融洽的情感、和谐的课堂气氛以及师生之间的相互信任与平等的合作关系等。

总之，只要持之以恒地激发学生读书的兴趣，培养良好的阅读习惯，使其掌握正确的阅读方法，读书就能逐渐成为学生的自觉行为。课外阅读将让孩子们在知识的海洋中自由自在地遨游，为孩子们撑起一片多彩的生活空间。

养成阅读习惯　教出语文味道

作为一名中职学校语文教师，结合我多年来的教学实践，就读书和教书问题谈两点看法和体会。

一、养成阅读习惯，读出对语文的热爱

“书籍是人类最宝贵的财富。”语文教师尤其要读书，因为语文知识内容丰富，字词句篇、语法、修辞、逻辑无所不包；古今中外，作家作品涉及面广，天文、地理、政治、艺术包罗万象。特别是对职业学校来说，要把语文知识和学生所学的专业相结合，让学生感觉学的有趣，学的有用，语文教师更需广采与语文有关和无关的知识，才能适应学生的需要，抱着几本教科书，凭着几本参考书，是难以担当语文教学任务的。另一方面，素质教育十分注重学习能力的培养，也要求教师首先要具有终生学习的观念，才能培养出具有终生学习能力的人。

也许你并不是因为热爱语文而当上语文教师的，但你应该因为当了语文教师而热爱语文，这是责任。有了对语文和语文教学的热爱，就能变“要我读”为“我要读”。鲁迅先生曾将读书分为“职业的读书”和“兴趣的读书”两种类型。前者服从功利需要，后者出于个人爱好。身为语文教师，既要立足于眼前功利和工作实际，更要着眼于志趣喜好。面对社会的多元化，面对教材的不断更新，面对学生独立意识的增强，语文教师应自觉读书。

中职语文教师不但要有精深宽厚的专业学科知识、教育科学知识、教学方法知识，还要有扎实充足的社会科学、自然科学和哲学知识，更要有广博的相关学科知识。教育家苏霍姆林斯基说："只有当教师的知识视野比学校教学大纲宽广得无可比拟的时候，教师才能成为教育过程的真正能手、艺术家和诗人。"所以，建议大家可以看一些所谓的"闲书"——哲学、美学等论著，或者杂谈、书评等短章，抑或天文、地理及其他学科领域的学术专著。

二、懂得语文妙处，教出语文的味道

语文是一门科学，更是一门艺术。布鲁纳说："教师不仅是传播者，而且还是模范，看不到语文妙处及其威力的教师，就不见得会促使别人感到这门学科的内在刺激力。"一个不懂语文妙处的语文教师，自然无法让他的学生热爱语文。语文教师应该对语言文字的运用之妙和文学的神奇力量有一种异乎寻常的敏感与激情，语文教师绝不是仅用文章学原理解读校本，追求教学方法和技巧的"教书匠"，更不是一个教参话语的复制者，而是要有深厚的文学底蕴。

那么，如何教出"语文味道"，使文化基础薄弱的中职学生热爱语文呢？

一是教出情感。备课要备情感，即用整个身心去体验课文的情感，把握教材的情感点，这样教学中才会有情可表。要摸清学生的情感点，在教学过程中努力在教师、学生和教材的情感点之间架起一道畅通无阻的桥梁，引导和促成三者之间产生和谐的共振，使学生与作品中的人物和情感共哀乐。

二是教出美感。要教出语文课的人文美，引导学生在对文本的解读中去品味浓郁的民族文化，在细嚼慢咽、反复吟咏中，去感受尊重生命、珍惜真情、弘扬个性、积极进取等人文精神，使品位得以提升，心灵得以净化。还要教出语文课的思想美、语言美、意境美、音乐美，让学生发现语文的美，感受语文的美，享受语文的美。教师也要教出个性美，让学生在教师声情并茂的范读、生动幽默的语言、激情灵活的手势和丰富激昂的表情中受到身心的感染，进而激活他们的情感细胞，去体验和感受血肉丰满、美轮美奂的语文课，从而达到审美愉悦。

三是教出职业感。中职语文教学中，语文教师应该有一种特质，即时时不忘自己姓“职”，时时将语文教学的目标定位于职业素质的提升，在语文知识“必须够用”的原则基础上善于将学生的思维引入到一个更新、更高的层面，将文本中的人文性自然延伸到职业素质，让学生真切地感到职业素质与自身息息相关，感到语文有用。例如，在阅读《汉堡港的变奏》《都江堰》这样的文章时，我们除了帮助学生掌握必要的语文基础知识，通过揣摩、体悟来感知人物严谨求实、忠诚奉献的品质外，还可以抛出几个问题引导学生作进一步的联系对比：你崇拜这样的人吗？你愿意成为这样的人吗？请你搜寻几个当代企业家从业创业的故事，有什么发现吗？通过讨论学生不难领悟到严谨、求实、敬业的工作态度，忠诚奉献的人格精神。这是一切有所作为的人应该具备的素质，从而激发学生积极努力培养自己职业素质的热望，这时教师可趁热打铁，给学生以鼓励和忠告：当你初出茅庐时，你会因拥有它们而赢得信任；当你驰骋职场时，你会因坚守它们而赢得尊敬。这样，也就实现了职业学校文化课为专业服务、为学生就业服务的目的。

我这样进行散文阅读教学

散文的特点是“形散而神不散”，散文的精髓在于“真情”。阅读散文，读懂内容，披文入情，体察作者情感进入作者内心世界，才能真正获得“读懂了”的审美体验。

一、研读主要内容

作者的思想情感主要是通过文章内容表现出来的，因而抓住文章的主要内容，才能体会出作者的思想情感。一篇优秀散文的意境包括情和景（事、物）两种因素，其中情是主要的，写景是为了抒情明理。离开了情，景就失去了生命力。

例如，《荷塘月色》和《故都的秋》是典型的借景抒情散文，文章通过对自然景物的描写和赞美，表达作者内心的真实情感和美好向往。《我的空中楼阁》是写景状物并重，作者通过对幻想中自己挚爱的小屋的描写，为读者营造了一方精美绝伦的艺术胜境，表达了对自由独立人格的追求。

二、研读佳词妙句

欣赏散文，对语言的揣摩和品味是必不可少的。作者深情的情思、文章优美的意境都是通过一定的语言表现出来的。情来自何方，情负载于何处，全要靠欣赏佳词妙句，才能渐入佳境。

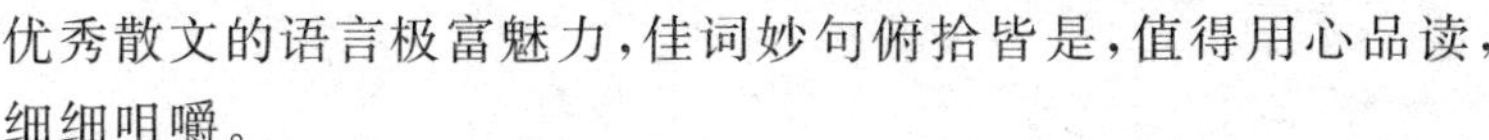

优秀散文的语言极富魅力，佳词妙句俯拾皆是，值得用心品读，细细咀嚼。

欣赏散文，要关注富于感情色彩的词语。例如："树缝里也漏着一两点路灯光，没精打采的，是瞌睡人的眼。"描写路灯，尽选消极的词语和意象，而且句式舒缓，语调低沉，读者从字里行间似乎能听到作者无可奈何的叹息声。同是写灯，《我的空中楼阁》是这样描写的："山下的灯把黑暗照亮了，山上的灯把黑暗照淡了，淡如烟，淡如雾，山也虚无，树也飘渺。"句式整齐，节奏明快，在这如歌的行文中洋溢着作者按捺不住的喜悦。以上两段描写，词语当然不能互换，就连句式也绝不能互调。再如，荷塘月色是美妙温馨的，这样的景色当然能给人以喜悦。文中少有直接抒情的句子，但透过写景的词语不难体察作者当时喜悦的心情。叶子像裙，裙又是"亭亭的舞女"；花是"袅娜"地开着的，"羞涩"地打着朵儿；花香似"歌声"，光与影如"名曲"。这些词语哪个不包含喜悦色彩？但这种喜悦毕竟是"淡淡的"，没有激动和狂喜。

欣赏散文，要关注含义深刻的语句段落。有时作者不直接表情达意，而且采用比较含蓄的写法抒写言外之情。比如《故都的秋》："秋天，这北国的秋天，若留得住的话，我愿把寿命的三分之二折去，换得一个三分之一的零头。"古人认为，人的一生要用三分之一的时间成长，用三分之一的时间吃饭睡觉，真正用于做事的时间也就只剩三分之一了。那么本段在表达一种什么样的思想感情呢？如果守得住的话，作者愿意不吃不睡来守着这份秋意；如果留得住的话，作者愿终生相守。如果这"故都的秋"不够美，不够"清""静"，作者会有这样的承诺吗？而对自然的过分向往，就是对现实生活的厌弃，透着一股子淡淡而又压抑不住的"悲凉"。

三、研读艺术手法

欣赏散文，要重视艺术手法的赏析。艺术手法因人而异，有的是借景抒情，如《荷塘月色》借月下荷塘和塘中月色抒发感情；有的是托物言志，如《我的空中楼阁》是通过多角度描写心爱的小屋及小屋周围的环境来表达自己的情志，因此虚实相生、多角度定景换点就成了这篇文章最突出的特点。而有的文章则是将自己的情怀植根于生存环境当中，通过这些环境表达自己的思考和追求，如《故都的秋》是通过对故都秋天的赞美来表达对平静、清幽、充满鸟语花香的生活的向往。

每一篇优秀散文都有自己的特点，都有自己的独到之处，这种独特的地方也正是需要我们着力思考、探讨的地方，是我们鉴赏的重点。

四、研读写作背景

散文是一种非常个性化的文学体裁，带有强烈的主观色彩。同一个景、同一个物件、同一种状况，由于每个人的不同处境、个性等，不同的作者往往会产生差别很大甚至相反的情怀，这是很自然的事。散文中的情怀还往往带有一定的社会、时代烙印，社会的发展变化、时代的风云变幻不可避免地要影响作者的心态、情感，这也是需要注意的。因此，在鉴赏散文时，还要尽可能多地了解作者的方方面面，了解创作的背景，从而在更深层次上把握作者蕴含在文章中的感情。

另外，诵读也是体察作者思想感情的有效途径。有感情地诵读，常常能把我们带入特定的氛围中。在读中理解，在读中感悟，反复吟诵，做到“书读百遍，其义自见”。

言为心声，由于散文中的形象往往就是作者自己，或者作者所亲闻、亲见、亲历的其人、其事、其景，散文中的情感往往是作为抒情主体的作者的真情实感，所以它给予欣赏主体的道德情操的感染和熏陶往往更为直接和强烈。因此，欣赏散文最重要的是培养自己对文章的感知能力，由“感”入“悟”，进而体味文中渗透着的作者的思想感情。

古诗文诵读之我见

“七月在野，八月在宇，九月在户，十月蟋蟀入我床下。”这首《诗经·七月》让来自复旦附中高一的小才女武亦姝赢得成功，也将第二季“中国诗词大会”推向高潮。在惊叹于武亦姝才学的同时，让我们体会到了中国古诗文的韵味与魅力，更让我们认识到在小学语文教学中推广经典古诗文诵读的长远意义与价值。

“九层之台，起于垒土。”小学生正处于记忆黄金时期和人格形成时期，在此时让我们播下传统经典文化的种子，让学生如“中国诗词大会”的宗旨一样“赏中华诗词，寻文化基因，品生活之美”。引导学生在经典文化的长河中徜徉，丰富学生的语言功底，提高学生文化素养。采一缕墨香，获一份感动，奏一曲民族盛世赞，吟一首文化笔墨浓，实乃意义非凡。

作为一名工作在教育第一线的语文教师，在五年经典古诗文诵读课题的研究中，且行且悟，针对小学古诗词诵读活动的开展有了自己的一点启示，现把它记录下来与大家分享。

一、诵读素材要注重经典性

“经典不厌百日读”，真正的经典是历经沧桑岁月的洗礼而经久不衰的文化精髓，应该是集真善美于一身，集文学艺术精华于一体，万口传诵的经典。从“问君能有几多愁，恰似一江春水向东流”到“伤商女不知亡国恨，隔江犹唱后庭花”故国的伤感，巨大的悲痛，难言的苦衷，在诗词中发挥得淋漓尽致。从“欲穷千里目，更上一层楼”到“不识庐山真面目，只缘身在此山中”，无不蕴含着人生哲理。更有“谁言寸草心，报得三春晖”对母爱的歌颂和“粉身碎骨浑不怕，要留清白在人间”那种不畏艰难、坚贞不屈、甘为民众利益作出牺牲的高尚精神。这些都是我们古诗词中的经典，展示了人类的丰富情感，蕴含了高尚情操，给人启示，治学修身，熏陶性灵，提高审美能力，值得我们口口传诵，挖掘出它的真正语文魅力。

二、要注重古诗文的故事性

每一句诗文的背后都有一个故事，都是中华传统文化的精髓所在。很多老师只是教学生背诗，孩子觉得背得枯燥乏味，对古诗文的学习心生抵触，而教师对此也无可奈何。其实古诗文的魅力并不是背过背熟就能品味的，更不是教师大量讲解就能够明白的。古诗文的魅力在于它的语言美，在于其内涵美，在于它千百年来的感染力。这就需要我们给学生搭建一个平台，让学生从根源上理解古诗文背后的故事。唐朝诗人贾岛在创作《题李凝幽居》时留下了一个著名的典故：一天，唐朝年轻的诗人贾岛去长安参加考试。他骑着毛驴，在大街上一边走一边想着他的诗词。突然，他想到了两句好诗：“鸟宿池边树，僧推月下门。”又一想，觉得“推”字改为“敲”字更好一些，他想得正入神时，只听得对面喊了一声“干什么的？”还没弄清楚是怎么回事便被拉下毛驴，带到韩愈面前。原来，他碰到了大文学家韩愈和他的随从。等贾岛把事情说了一遍后，不但没有受罚，反倒引起了韩愈的兴趣，韩愈想了一会说：“还是‘敲’字好。静静的夜晚，在月光下，一个僧人敲门，这个情景还是很美的。”于是“推”字就改为了“敲”字。后来“推敲”便成为斟酌字句或反复考虑的意思。结合这一典故，学生反复朗读“鸟宿池边树，僧敲月下门”体会“敲”字“静中有动”的妙用。让这首诗形象地、简单明了地走进孩子的内心里，这其实就是一种文化和审美体验的尝试。

三、诵读经典应持之以恒

“读书百遍，其义自见。”古诗文的学习不是一次阅读就能完成的，只有反复诵读才能产生心灵的体验，真正感悟到古诗词的魅力和真谛。

我们所说的反复朗读，不是让学生“背、再背、机械地背”，这种古诗文的背诵对于学生来说是乏味的，也让古诗文失去了它们的魅力和文化的底蕴。因此，我们在古诗词学习中倡导的是朗诵而不是背诵。“人间四月芳菲尽，山寺桃花始盛开”，白居易在诗中写出了触目所见的感受，展示了发现的惊讶与意外的欣喜。“但愿人长久，千里共婵娟”，苏轼通过诗词抒发自己思念兄弟的感情。这些古诗词的魅力就是在反复的朗读中才能亲身体会，才能沉浸其中。因此，只要学生没有厌烦，我们就鼓励他们反复读下去，常读常新，边诵边悟。

“厚积薄发”用在古诗文上面就是让我们的学生从小坚持熟读吟诵经典古诗词，将其古诗词的精华一点一滴地积累于脑海中，渐渐成为一笔宝贵的精神财富，在生活学习中运用自如，任意支取。我校经典古诗词的学习利用了早读、晨读时间，日复一日，年复一年，让学生对经典古诗文的了解由少到多、由浅入深地渐渐积累起来。在整个古诗文长期学习的过程中，将古诗文的学习融入教学，融入生活，让我们的学生眼界得以开阔，人生境界得以提升。

人生自有诗意，而古人通过诗词将人生情感、自然美学、豪情壮志展示得淋漓舒畅。历久弥新，今天我们仍然怀着一颗崇敬的心，吟咏着它们，带领学生拂去历史的灰尘，用古代文人墨客的情怀和智慧涵养心灵，点亮散发着书香的校园，让我们的学生都能够“会当凌绝顶，一览众山小”。

作文教学

让生活走进作文

《红楼梦》中有副对联:“世事洞明皆学问,人情练达即文章。”“世事洞明”指对现实生活中的客观事物有全面细致的观察、了解和认识;“人情练达”指对社会生活中的人情世故有着深切的体验和领悟。可以说生活是花,文章是蜜,缺乏对生活深入细致的观察、了解和体验,作文就会成为无源之水、无本之木。而当今社会的语文教学中,由于教育的功利性,很多学生忙于“三点一线”的紧张学习,无暇去感受生活、体验生活,于是只能跑到各类作文选中去寻找和积累素材,结果出现了千文一面、假大空式的作文,而缺少学生自己的东西,这不能不引起语文教学工作者的反思。

那么怎样让学生把生活融入作文,从而写出血肉丰满的文章呢?我结合自己的作文教学感受,浅谈一下认识。

一、积极引导学生去体验生活、感受生活

为了摸清学生的写作功底,我曾多次在学生第一次作文课上让他们写《我的父亲》或《我的母亲》,应该说此类话题较为简单,且能表达学生的真实情感,但有很多学生只是笼统地写父母是如何辛劳,如何疼爱自己,缺少生动鲜活的细节,或总是“我”

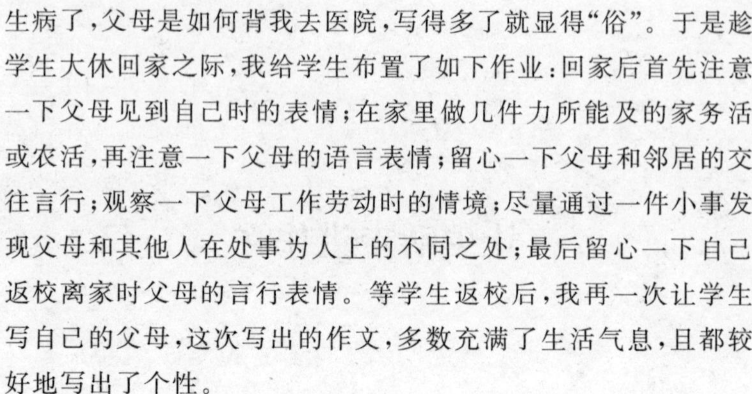

生病了，父母是如何背我去医院，写得多了就显得“俗”。于是趁学生大休回家之际，我给学生布置了如下作业：回家后首先注意一下父母见到自己时的表情；在家里做几件力所能及的家务活或农活，再注意一下父母的语言表情；留心一下父母和邻居的交往言行；观察一下父母工作劳动时的情境；尽量通过一件小事发现父母和其他人在处事为人上的不同之处；最后留心一下自己返校离家时父母的言行表情。等学生返校后，我再一次让学生写自己的父母，这次写出的作文，多数充满了生活气息，且都较好地写出了个性。

要让学生更好地写作记人叙事类文章，每次作文最好都要运用好恰当的情境导入，帮助学生在生活中发现素材，挖掘素材，如：为了亲情亲人可以舍己相帮，为了友情同学可以倾囊相助；陌路人伸手指引，让山重之境柳暗花明；过路者挺身而出，使孤苦者枯木逢春……

二、创造条件，让学生在生活中开阔眼界

生活是一本书，需要我们精心地翻阅；生活是一幅画，需要我们仔细地欣赏；生活是一段乐章，洋溢着喜怒哀乐。然而由于条件限制，很多学生对生活缺乏最基本的了解。在学校整天沉浸在文山题海中，在家庭则过着衣来张手、饭来张口的生活。俗话说：“不当家不知柴米贵，不养儿不知父母难。”“独特”的条件使学生对家庭、对社会知之甚少，对生活则更是不解其味，这就很难写出思想深刻的高水平文章。

为了让学生更好地感触生活，了解生活，笔者曾多次和学校语文老师组织学生开展社会实践活动。如放寒假时，让农村学生围绕以下课题写出调查报告：你的家庭一共几亩地？每亩的投入大约是多少（包括了种子、化肥、农药、柴油、租用机械和基

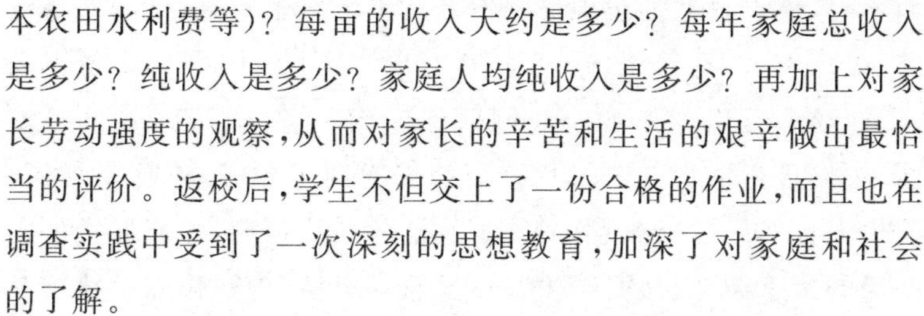

本农田水利费等)？每亩的收入大约是多少？每年家庭总收入是多少？纯收入是多少？家庭人均纯收入是多少？再加上对家长劳动强度的观察,从而对家长的辛苦和生活的艰辛做出最恰当的评价。返校后,学生不但交上了一份合格的作业,而且也在调查实践中受到了一次深刻的思想教育,加深了对家庭和社会的了解。

三、积极挖掘生活素材,激发学生的写作欲望

在生活中可写的素材很多,不过很多学生却或熟视无睹,或缺乏灵感,或认识浅薄。有时候,一个很好的素材出现在眼前,他们却抓不住,失之交臂。这就需要老师适时点拨,引导学生认清事物、分析事理。

笔者曾在生活中遇到这样一个事例:一次因校园改造,学校伐了很多树,几个工人把挖出来的树根拉出去当柴禾卖。在校门口一位爱好根雕的老师看到一个树根造型奇特,就用几元钱买下了那块树根,经过三弯两折,稍作加工,一条“千禧龙”便跃然而生,并在全市根雕艺术展中获奖,有人拿八百元购买他都没卖。我把这一生活中的事例讲给学生听,让学生写出自己的感想。开始时学生觉得无从下手,于是我就结合学生学过的《题西林壁》加以点拨:“横看成岭侧成峰”,从不同的角度看事物会得出不同的结果或答案。在工人眼里看树根是柴禾,而在艺术家眼里它则是艺术品。再用伯乐与千里马的故事从另一个角度去引导,千里马再能跑,没遇到伯乐,它也只不过是“辱于奴隶之手,骈死于槽枥之间”罢了。再让学生多角度充分展开讨论,学生的积极性得到极大调动,思维异常活跃,又得出“是金子总会发光”等结论。

教育家叶圣陶曾说:“生活如泉源,文章犹如溪水,泉源丰富

而不竭，溪水自然活泼地流个不歇。”生活是丰富多彩的：春华秋实，风霜雨雪，真善美，假丑恶，爱恨情仇，生活中有太多值得品味、感动和反思的东西。我们要让学生去感受生活，去体验真情，去发现生活中的美。只有当他们看到了花开，听见了鸟语，嗅出大自然的清新气息，品味了生活的酸甜苦辣，才能促进他们积极的情感体会，从而产生写作灵感和激情，为写作铺设感情基础。他们才会在习作中创造性地再现生活。这样，创作出来的作文才会有血有肉，感人至深。

作文中写生活抒真情

写作，应该结合自己的生活实际和感受，写出自己的真情实感，把生活和写作、做人与作文真正和谐统一起来，这是现在学生作文一种鲜明、正确的导向。写作要用真心，说真话，写真事，抒真情，议真感。

要从“我”入手，写自己的所历所见所感。一方面，平时要注意增加生活阅历，拓宽观察生活的广度和体验生活的深度；另一方面，要讲究方法，着力写出真情实感。

具体方法是：

一、直陈“我”之亲历

“真实是文章的生命，真情是文章的灵魂。”应努力从自己的亲身经历中选出写作素材，用自己的笔再现事情发展过程中触动自己心灵最为强烈的一瞬间，记下当时独特的情感体验，这就能使文章具有感人魅力。写自己的亲身经历，最容易以自然流露的真情拨动读者的心弦。

《家事》一文，浓墨重彩地描写了父亲虽有病在身，但为了“我”的学费而执意外出打工的感人之事。“今天是我中考的第一天，我现在坐在静静的考场上写我的家事，耳边似乎听到爸爸远去的脚步声，仿佛看见妈妈站在村口目送爸爸远去。此时，泪水，立刻模糊了我的眼睛。”这是一个贫困家庭的孩子的独特经历和感受,作者写来情涌笔端,发乎文中,令读者动容。

二、化用“我”之见闻

有时自己经历的事情确实没有合乎文体要求的材料,这时是牵强附会,还是另谋出路呢?比较妥当的做法是调动记忆,从身边人或书中人的经历中寻找合适的材料,变“他”为“我”,写成自己的经历。这时你要站在“他”的角度上,设身处地感人之所感,急人之所急,爱人之所爱。别人经历,经过改头换面,一样能成为佳作。

一考生面对以“服务”为写作范围的题目,感到自己的经历中并没有类似的感人事例,但他以前听说过某同学的母亲对孩子物质生活提供过分周到细致的服务而疏于关心他的精神生活,结果导致孩子走上歧途的故事,就巧妙地以“我”换下“他”,写出了一篇感人至深的满分作文,特别是作者通过写前的揣摩,将文中“我”的心理变化描绘得真切细腻,活灵活现。这位同学的经历启示我们:开阔视野,从生活中选材,作文会别开生面。

三、抒写“我”之感怀

《对话》,展开想象的翅膀,由老师和学生的对话谈到官员和百姓的对话,由中国人和外国人的对话谈到地球人和外星人的对话,由古人和今人的对话谈到现代人和未来人的对话。

本散文思路开阔,表达了作者对摈弃对抗、加强对话的急切呼唤,获得了众人的一致好评。此例启示我们,写“对话”,可写学生和校长的对话,市民与市长的对话,南北对话,朝鲜与韩国对话,巴勒斯坦和以色列对话,等等。我们可以看出写“我”,不一定非要记叙某件具体事例不可,长于叙事固然可嘉,精于议论、抒情同样能表达“我”的心声。立足于“我”之所长,从实际出发,能叙则叙,能议则议,这就是扣题写“我”抒真情的最佳策略。

下面是著名作家刘心武《善感》中的几段文字：

大扫除时，从床下清出了一个粘满灰丝的小药瓶，那是哪次病中不知不觉让它滚到床下的？为什么一旦被认定无用，便连刻意地抛弃的待遇也不能享用？由物及人，及世事，及芸芸众生的歌哭荣枯，不禁怆然……

清早翻动台历，发现厂家多放了一张，一个已经过去的日子，居然又赫然地重现——一阵莫名的欣喜涌上心头，感谢那大意的配页工，虽然时间的量度被世人刻极地统一限定，这纸片上多余的日子并不能真正地被世人承认，然而，我只当自己的生命因这偶然的因素而幸运地延长……

这样的小小偶然，人的一生中，能有很多次吗？

瓶中的玫瑰，艳粉的玫瑰，终于到了谢落的时候，那头几个花瓣是何时坠落的，不知道，也未曾想知道，但写作时偶一抬眼，恰清清楚楚地看到那一片只有边缘焦枯而瓣膛仍很肥润的花瓣，极其恋恋不舍，却又无可奈何地飘落到桌面上——"触目惊心"这四个写了无数次的字，一刹那间仿佛具有了前所未有的无尽滋味……那花瓣是幸耶？不幸耶？——一个生命最好是在他人不知不觉中陨落，还是最好在他人注视中徐徐闭幕？

不必多愁，但一定要善感。是的，我心上的茧子是必要的甲胄，它使我冷静、坚毅，是我成熟的徽记，但人生不能总用战场比喻，最刚强的恰恰是最柔韧的。事业、荣誉、金钱、激情、正义感、形而上……它们对个体生命的宰制，往往不留下其余的充裕空间，那就不仅是一种遗憾，而很可能构成某些美丽的罪衍。

这几段文字旨在说明一点：人要善感，即用一颗对生活无比热爱的心，善于从琐细小物中体察人生的况味。作者把药瓶、台历和玫瑰这些没有直接联系，但都能引起作者对人生思索的事物有机地放在一起。感情浓厚，表现在句子中，如"但写作时偶一抬眼，恰清清楚楚地看到那一片只有边缘焦枯而瓣膛仍很肥润的花瓣，极其恋恋不舍，却又无可奈何地飘落到桌面上——'触目惊心'这四个写了无数次的字，一刹那间仿佛具有了前所未有的无尽滋味……"，就很好地表现了作者对美好事物的珍爱以及失去时的惋惜之情。

浅谈写好话题作文的几点看法

话题作文是目前学生作文的主要形式，它鼓励创新，展现学生个性。这不仅对考生搜集积累资源的能力提出了更高的要求，而且更侧重对考生学以致用和解决问题能力的考查，同时也有利于为高一级学校选拔人才。如何写好话题作文？笔者结合自己的多年教学经验谈几点看法和感受。

一、拟题生动、清晰表达文章主题和主要内容

标题是文章的眼睛。常言道"文题善，佳篇半"，一个好的题目，犹如一把钥匙开启作者创作灵感的大门，进而作者根据题目进行立意、选材、确定文章的中心内容和写作方法，即谋篇布局。所以在拟定话题作文题目时，首先做到紧扣材料内容，揭示材料的中心；其次要力求准确、新颖、生动等，使阅卷老师看到题目眼睛一亮。如某市中考作文题：

> 生命是一个奇迹，在这个星球上相聚、相守、相处也是一个奇迹。但世界给予我们的还有更多的忧虑和不安：战火纷飞；环境污染；瘟疫蔓延。对此你一定有自己的体验或思考，请以"共享生命"为话题写一篇文章，立意自定，文体自选，题目自拟，不少于600字。

此题目由提示语和话题两部分组成，话题作文的题目应从话题中寻找思路，话题是作文审题立意的中心。好多同学看到

这则提示语后，急于拟题，他们围绕提示语中的“战火”“环境”“瘟疫”等内容立意，如《和平鸽折翅》《地球上最后一个人》《病情日益严重的地球》《最后一棵树》等等，从一开始落笔，就偏离了主题，纵使下笔千言，结果得分不高。为什么会出现这种情况呢？原因是这些同学的思路重点没落在话题上，忽视了话题中的关键词“共享”一词，所以话题作文的拟题，首先从话题出发，有些同学的拟题就特别好，如《我们需要和谐家园》《鱼和鸟的对话》《小熊猫的信》，这些题目生动、醒目，体现了话题主旨，令人耳目一新。

二、审题清晰，弄清写作对象和范围重点

话题作文一般由材料、提示语、话题、要求四部分组成，好多情况下，材料和提示语不是同时出现的，有的只有材料，有的只有提示语，但话题和要求是不可缺少的。材料的作用是引出话题，提示语能启发作者思考进行审题立意，要求是注意事项，这三项都是为话题服务的，关系如下：

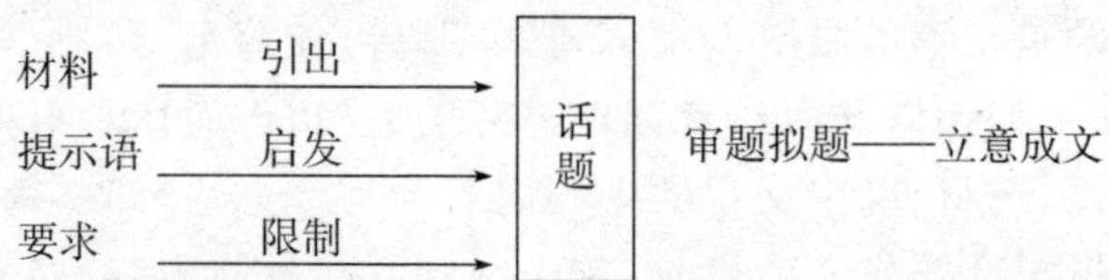

一是审读话题。话题作文的核心是话题，在话题中命题者限制了作文的范围，考生只能从话题中选材组材。因此我们在审题时，先从话题着眼，再看提示语、材料和要求，作文组材要紧扣话题，并贯穿作文始终。另外，审题时要有意识地揣摩一下话题背后的命题意图，以便拟定一个让阅卷者更欣赏的题目。

二是审读提示语。提示语是引出话题的材料，同时也体现了命题者的思维目的。它对考生有双向作用，既启发了写作思路，又限制了构思范围。读题时仔细地揣摩一下提示语，并与话题进行比较一下，找出提示语和话题之间的内在联系，再从联系

中把握领悟题旨，然后取舍组合材料，组织成文。

三是审读要求。话题作文一般有这样的要求：写一篇不少于600字的作文，文题自拟，文体不限等。可能还会出现诸如思想积极向上，不要出现真实姓名等要求，对于这些要求我们要明确界限，严格遵守。

三、立意鲜明，正确集中，新颖深刻

立意就是确立的写作意向，是作者的思想、观点、认识在文中的体现。它是在理解材料的基础上，确定的话题的内容、范围，因此文章的立意是统帅，决定着材料的取舍，影响着文章的谋篇布局。鲜明、新颖的立意是一篇文章成功的关键。笔者总结了两种方法供大家参考。

一是化大为小法。话题作文相对于材料作文来说是一种开放式的作文形式。它对题目、体裁不限制，只提供了了一个写作的话题，为考生提供了更广阔的想象空间和创作空间。如果对话题把握不准的话，要么无从下笔、无话可说，要么滔滔不绝，结果离题万里。如果我们把话题内容缩小范围，选取典型的一件事、一个人、一种感受、一个表情，集中笔力加以突破，在细节上下功夫，这样也可以写出好文章。如以“母爱”为话题写一篇作文，有位同学这样撷取生活的片段：每当放学回家，餐桌上摆满了冒着热气的菜肴，“我”狼吞虎咽地填饱饥饿的肚皮，猛然抬头看见母亲坐在对面，欣慰地望着“我”吃东西，眼角的皱纹也带着笑。不知什么时候，母亲的头上添了几根白发，我不禁一颤……作者善于观察，感悟生活细节，从一个眼神中，读出母亲对自己一片浓浓的关爱。

二是创新立意法。同一个话题从不同角度进行思考，就会寻找出不同的答案，我们要善于转换视角，从最佳的视角立意，这样就会使文章“技高一筹”。如以“尊重”为话题写一篇作文，好多同学写的是家长老师如何不尊重自己，而一位同学却反弹

琵琶。他这样写道:爸妈离婚,出于对我的尊重,让我做出选择,跟谁一起生活。我痛苦万分无以选择,经过思索,也提出了两个选项:一是两人不离婚;二是谁都不跟,自己流浪。同样尊重父母的选择。最终父母和好如初,既突出了主题,又让人读来倍感新颖。

随着作文教学的深化改革,作文命题的意图就是让学生解放思维,展现个性,带着真情实感写作。"话题"是引导学生瞭望社会、人生的窗口,因此我们要观察社会热点,关注时代脉搏,真实、真切地体验生活,开启作文源头活水,这样才能写出好文章。

和大家谈谈材料作文

一、什么是材料作文，为什么出现材料作文

材料作文就是侧重于材料的含意而不是仅仅局限于材料本身，要求考生根据材料的内容和含意自主立意，自拟题目，或者是尽管给定题目，却可以根据自己的特长，在结合材料的基础上，自选文体作文。

这种命题形式有其强大的生命力。因为命题作文太死，不利于全体考生写作，话题作文又存在过于宽泛的弊端，而材料作文要求学生在全面理解材料的基础上，选择一个侧面、一个角度构思作文，要求不脱离材料内容及其含义作文，不要套作，不得抄袭，可以说是“放中有收”。

二、材料作文的分类

（一）寓言型

寓言型是指材料作文的材料是由一则寓言故事组成的，不过它强调材料的内容和寓意尽量地丰富，以便为考生提供尽可能大的范围。如：“乌鸦因羡慕老鹰能从山上俯冲下来抓走小羊的本领，于是模仿老鹰的俯冲姿态拼命练习……”

【应对策略】读懂材料。作文的寓言材料往往具有一定的故

事情境，而虚构的情节又与生活中的某些现象相关，阅读这样一段虚实相间的故事，首先要解决的问题就是对材料意义的提炼。

（二）漫画型

漫画型是指提供的主要材料不是文字，而是有一定意义的图画。作文的要求是把图中用线条、色彩描绘出来的形象及包含在形象之中的思想感情用语言文字表达出来。如："一个孩子踩在西瓜皮上摔倒了……"

【应对策略】一是仔细观察画面。这里所谓画面形象，包括画面上描绘出来的人物形象（面貌、表情、服饰、动作等）、景物和器物。看图时，要抓住人物、景物和器物的特征，对画面上提供的每一个细节都不能轻易放过。另外，要看清楚这幅漫画夸张了什么，变形了什么，突出了什么，审出夸张变形的部分也就是漫画突出的部分，弄清楚它的本质要表达什么，才能从中挖掘出主题。二是领会把握主旨。要做到这一点，就必须在仔细观察画面形象的基础上，弄清人物与人物、人物与周围事物之间的关系。只有这样，才能体会到作者通过形象描绘表达了什么样的思想感情。

（三）对比型

对比型是指作文题目提供的材料由两则构成，并且两则材料事例构成对比。

【应对策略】可采用求异法，即从本质上找出两则材料的不同点，也就是它们的结合点，然后根据这个结合点结合材料有关内容进行构思立意。

（四）评论型

评论型是指作文题目提供的材料由对某种现象的评论组成。

【应对策略】可从材料中的关键语句入手来确定文章的写作思路。

(五)联想型

联想型是指提供的材料往往给人产生丰富的联想和想象，它往往是有一则诗歌或诗歌的几句来组成。

【应对策略】一是吃透材料，二是概括观点。可依据诗歌，让诗歌的寓意统率全篇，用形象化的笔法诠释道理；也可摘录诗中的某些句子作为引子，再举例论证等。

三、材料作文的平时准备

根据材料作文的类型，我们可以从以下几个方面入手：

首先，弄清命题特点。这种给材料作文把话题作文中的“话题”与“材料”的功用都集中到“材料”(这个材料，可以是寓言，可以是故事，可以是漫画等)身上，让审题不是从题目出发，而是从“材料”出发，从而使文体更具开放性，更能启发学生的发现能力、判断能力和选择能力，更能引起各方面对作文内容的重视。这种命题形式，经过实践证明，不仅达到了命题者的意图，而且受到了一致好评。

过去的话题作文以“话题”为范围，现在的新材料作文以“材料”为范围。学生就要把审题的注意力全部集中在材料上。材料既是审题的第一出发点，又是作文符合题意的终极范围。材料所划出的范围，也许是材料的内容范围，也许是材料的含意范围。学生的作文在材料的范围之内就符合题意，在材料范围之外就偏离题意。无疑这是在一个更大更自由的范围内提出了审题的限制性要求，也就是在发散性中强调了限制性。总之，这种新材料作文思路开阔，意境深远，具有极大的思维空间张力。

其次，关注取材范围。在弄清了材料作文的命题特点后，还要关注材料作文的取材范围，以便在复习备考中“对症下药”，有针对性地进行准备。

四、实战例举

一位“00 后”说：“给我阳光，我就灿烂；给我空间，我就成长。”空间，有大有小，各有特色。成长需要空间，空间需要别人给予，更需要自己争取和创造。请以“成长的空间”为题，立意自定，文体自选（诗歌除外），写一篇不少于 800 字的文章。

【审题指要】该题是一个偏正式的短语，根据材料导语中“给我空间，我就成长”以及“成长需要空间”等内容，中心词“空间”，可以理解为“成长”所需要的生活环境以及才艺素质、创新实践能力和个性的形成与展现所需要的平台等。它可以是社会的、家庭的和学校的。它应是客观实际和思想、精神、文化、氛围等的统一体。

因此，行文时要充分思考“成长”所需要的各种条件，如自由、民主、尊重、和谐、宽容、鼓励、欣赏、友情、亲情、帮助、爱、创新、个性、文明、科学、思想、精神等等。不可忽视的是，无论什么样的“空间”，它都不可能是没有限度的“无穷大”。同样，“成长”也需要合理的规范与正确的引导，完全自我放纵的空间是没有的，即使有，对“成长”也是有害的。所以，学生应该正确把握文章中心的分寸与表达的分寸。内容也应该彰显浓厚的时代气息，反映新时代人才观与价值观，体现现代中学生对成长现实环境的评判以及对未来的勾勒。

应用文写作应重视实践教学环节

应用文又称“实用文”，是指在日常生活、工作和学习中形成的具有某些惯用格式和实际应用价值的文体。在信息科学发达、传导工具先进的现代化社会里，应用文的使用范围在扩大，文体样式在变化，使用频率在加大，应用效率在提高，与人们的生活愈贴愈紧，发挥着越来越大的作用。应用文写作是中职语文学习的重要内容之一。

传统的应用文教学，人们往往只是抓住了应用文具有一定格式这一特点，认为只要讲懂了概念和特点，使学生记住了既定的格式就能写好应用文，其结果呢？学生即使把概念和写作特点、写作方法背得滚瓜烂熟，结果还是不会写应用文。所以，应用文写作也应该注重实践环节。应用文如同一切写作产品一样，是思想认识的结晶。写作的材料来源于社会生活，要获得材料，除了间接的途径外，最主要的还应当深入社会生活，加强社会实践，增强感性认识，开阔思想视野。这是每一个想真正提高自己的应用文写作能力的人所必须注意的，也是提高应用文写作能力的基本途径和方法。

加强应用文写作实践能力的训练，我认为应主要做好以下三个方面。

一、教学思想上有所创新

以往的应用文写作教材和教学法，都是先讲文种的概念、特点、作用、结构、要求，然后附上例文，至于为什么要制作这篇文书，文书中观点、办法、措施是怎么形成的，一概不谈，更不用说如何加强写作训练。甚至于有的只注重文书结构的格式，只是教学生依葫芦画瓢，成了“套写”的“八股”式，难怪同学们在学习了应用文写作之后，头脑中仍然一片空白，不知怎么写。

创新是一个民族的灵魂，也是一个国家兴旺发达的不竭动力。应用文写作教学也应该跳出传统思维的禁锢，在教学思想上有所突破，有所创新。应用文的写作是人们为解决生产、工作、学习和生活中的实际问题而进行的一种有目的的创造性活动，是针对现实生活中的实际问题并为解决实际问题而写的。它不仅要回答“是什么”，更要回答“为什么”“怎么办”。由此可见，应用文写作是一种有目的的创作活动。这就决定了应用文写作教学不是一种简单的纯理论知识传授，即不仅仅是概念、原则、特点等“是什么”的教学，而更应该是一种创新教育，是弄懂“为什么”“怎么办”“怎样写”的教学。

二、结合社会生活教学

一切语文学习都要从实践中学习，比规则学习容易得多。应用文教学的课堂也是十分广阔的，我们绝不能仅仅停留在教材上，局限于教室内。教师和学生都应该走出教室，放开视野，广泛涉猎。通过阅读报纸杂志和各种文书，听广播，看电视，关注各种墙报、广告，向好的范文学习，找出病文的病因，从中借鉴、吸收应用文写作的方法和技巧。只有这样长期坚持下来，写作起来才会得心应手。比如财物条据一般大写，如“用大写将人民币 10036789.24 元”写在横线上，写法是“壹仟零叁万陆仟柒佰捌拾玖元贰角肆分”，这个解题关键有三点：一是大写要规范，要求同学们要牢固掌握阿拉伯数字的大写；二是读法要规范，不能读作“点贰肆元”，而读作“贰角肆分”；三是小数要规范。大多数学生不能完整地写出来，这样一讲，同学们自然有了兴趣。

三、多写多练是提高能力的关键

写作能力的形成，靠的是经常动笔。实践教学中，教师要动脑筋、想办法，创设问题情境，让学生结合各种模拟活动来创作应用文。例如模拟人才招聘会，学写“自荐信”，模拟推销产品学写“说明书”。同时，结合师生身边发生的事和自己的思想实际，让学生写“计划”“总结”“调查报告”“申请书”“感谢信”等；结合学校开展的活动写“通知”“串联词”“会议记录”“倡议书”等；通过举办演讲会训练写“演讲稿”，组织旅游写“解说词”等。看看下面同学们的串词多么巧妙：

中国，中国，壮丽的山河，长江奔腾，昆仑巍峨；中国，中国，不屈的山河，巍然屹立，气势磅礴。五千年的文明，是我们闪光的记忆；现代化的前景，是我们执着的求索。

让我们高唱——《中国，中国，鲜红的太阳永不落》！

作者就是在气壮山河的歌声中，感受到祖国那有力的脉搏，从对“中国”“中国”反复的咏唱中感受到中国太阳般永恒。还有下面的演讲比赛主持词也十分不错：

彻夜的灯光下跳动的是赤诚的心，燃烧的红烛上滴下的是滚烫的血，母亲带儿女放飞理想，赤子将爱心奉还大地，就让我们张开双臂表达对学校发自心底的热爱，就让我们用诗一样的语言倾诉对职专的赞美，今天职专让我们放飞梦想，成就未来，明天，职专因我们而精彩，《情系职教，放飞梦想》演讲比赛现在开始……

总之，只要我们改变传统应用文教学注入式、以教师为主的活动方式，代之以学生的练习为主，引导学生多观察，多实践，讲究写作训练的多样变化，一定能取得事半功倍的教学效果，真正提高学生的应用文写作能力，为学生今后的工作和生活奠定良好的基础，实现应用文教学的目的。

作文教学之我见

作文教学就是运用书面语言文字来表达主张、观点，表达思想感情，传递信息的一种有目的的精神生产活动。当今社会，人的全面素质的发展成为衡量人才优劣的标准之一。写作恰恰是最能体现个人素质全面发展的一面镜子，也是促进公民道德与社会和谐的催化剂，在平时的工作、学习和生活中发挥了不可替代的作用，我们提倡人人都要学会写作的理念，以期让每一个人都得到自由全面的发展。

对于一个人的写作水平发展而言，小学阶段是最重要的。就如何写好作文，结合自己多年的教学实践谈几点看法。

一、生活经历是写作的源泉

写作靠的是对生活的激情，靠的是对生活长期的感悟，这样写出的文章才能有血有肉，才能生动感人。写作绝不是脱离生活实际的技术训练，而必须应生活之需、切生活之用，应为真情而写作。人生的感悟往往来自于个人的生活经历，用心感悟生活，从生活的体验中提炼有个人特征的感受，这是作文也是做人的要诀。应该要求同学们应养成留心观察周围事物的习惯，经常去发现周围有哪些熟悉的人，哪些值得回忆的事，哪些是新鲜的事。只有认真观察了，用自己的眼睛去看，用自己的耳朵去听，并把所见所闻记录下来，这就是将来写作的素材。然后用自

己的心灵去感悟，在体验中升华自己的思想。有了丰富的生活基础，就不怕写不出好的作文来。

二、阅读积累是写作的基石

人们靠直接观察获得的写作材料毕竟有限，而借助阅读是获得写作资源的重要手段。阅读包括课内和课外阅读，课外阅读尤为重要。课外阅读能拓展视野，陶冶心灵，丰富思想，是积累写作材料的重要渠道。语文教师应该要求同学们积极主动开展课外阅读，培养良好的阅读习惯，如经常动笔批划或摘抄丰富的词汇、精彩的语段、有趣的歇后语、形象的比喻、富有哲理的警句和格言等，积累广泛而精要的素材，为作文打下坚实的基础。

书本上的知识是前人智慧的结晶，要善于从书上汲取写作素材。古今中外书本上的人、事、理应该成为同学们学习的资源，其中优秀人物应该成为学习的榜样，名言警句成为人生的座右铭，从而提升自己思想境界和人生价值观。从“程门立雪”感悟尊师，从“凿壁偷光”学到刻苦，从“卧薪尝胆”品味励精图治，从“破釜沉舟”领悟勇于拼搏。

正所谓“读书破万卷，下笔如有神”。对于学生而言，小学阶段学习还不是很紧张，一定要让孩子们有计划地多读书。“熟读唐诗三百首，不会作诗也会吟”，文章看得多了，自然能看出门道来。当然，读书不能漫无目的，应注意方法。可以做读书笔记，可以做卡片、活页，可以复印，平时应多积累，功夫在“文”外。对一些名句、名言、名篇，应多翻翻，揣摩其语言、立意、构思、选材。

三、真实情感是写作的火花

感情是一条永远奔流不息的长河，人的一生就是在这条长河里荡漾，有了丰富的知识积累，有了浓厚的生活基础，再加上一颗天真的、热爱生活的心，就可以提起笔来写作文了。想写什么就写什么，同学们要打开思想的闸门，让河水奔流。作为一名语文教师，我反对假大空的文章，提倡别具一格，独抒性灵，提倡写自己的心灵感悟，内心独白，让那些从心底里流淌出来的文字打动人心。只要言简意明，通常自然，便是好文章。应该让同学们自由地抒写自己的真情实感，展示自己的创作才华。如一篇学生作文《我学英语》的开头："'你那英语，要抓紧啊！'爸爸又一次在我耳边念叨。数不清的单词化作许多小蛇开始在我眼前扭打，我又伸了伸懒腰，揉了揉眼睛，振作精神接着背起单词来。""数不清的单词化作许多小蛇开始在我眼前扭打"，这一比喻是如此真切地写出了自己头昏脑胀，欲睡而不敢睡的情态。自然生动的语言很好地表现了小作者的焦虑与无奈，是如此的真实，不觉让人生出同情之心。

四、丰富想象是写作的翅膀

想象力是所有艺术家的翅膀，也是所有发明家的翅膀。有了想象力，飞机升上了天空；有了想象力，大陆漂移学说得以成立。对于同学们来说，没有多少社会经历和社会经验，想象力是至关重要的，只有这样，才有从写作走向创作的可能。如《二十年后的我》《假如我是大人》《未来的学校》等题目，就需要同学们畅想未来世界。同学们可以想象小草在哭、花儿在笑、风儿在唱歌、雨点在舞蹈，可以用现有的想象去丰富自己内心深处所期望的美好世界、神奇世界和高科技世界。

五、勤写多练是写作的动力

天道酬勤，好记性不如烂笔头，多写多练，是写作成功的基石。要让同学们大胆写，想写什么就写什么，自由地表达自己的喜怒哀乐，表达自己的成长经历与真情实感，写出自己的生活世界、心灵世界，写出自己对生活的所见所闻所思，让写作成为展

示自我、表现自我、张扬个性的平台。只要长期坚持,不出一个学期,学生的作文水平肯定有很大的提高。我觉得,勤写多练还是从日记写起,日记不是天天记,而应该是有真情实感时就随手写下来。

读书、写作,可以改变人生的命运。它不可能改变人生的起点,但可以改变人生的终点;它不可能改变人生的长度,但可以改变人生的宽度。我们语文教师,有责任有义务让学生热爱写作,学会写作。

我对作文构思和选材的几点看法

作文教学是语文教学的重要组成部分，作文的构思和选材是十分重要的。就这一问题，我谈几点体会和认识。

一、构思

构思是作者想一想怎样根据立意并有机地组织、连接字词句成文的全过程。它是写作过程中所进行的一系列的思考活动，是萌生文章的基因，出产文章的接生婆，动笔前的一种有预见性的思考，有发现性的设想。还作文要尽量做到凤头、猪肚、豹尾。

文章的结构一般有：纵式结构，按照事物进程或时间变化顺序行文；横式结构，按空间行文；还有纵横式结构。

那么，怎样进行巧妙构思呢？

先举两个例子。有位同学以“变化”为话题作文，写到“家乡新貌”，他没有写山水的变化，居住条件及生活用品的变化，也没有写人们思想观念、精神的变化，而是别出心裁，以家乡路为突破口，从“小泥路—土大路—沙石路—柏油路”的步步发展，写了越走越宽的家乡路，反映了家乡日新月异、翻天覆地的变化，可以说滴水见阳，微中显大，构思巧妙，妙趣横生。

有篇文章《让座》，庆功宴上众人给老支书让座，德高望重的老支书给回乡探亲的大学生让座，突出了“尊重人才、尊重知识”

这一主题。

具体来说，构思的常见技巧有以下几种：

1. 以小见大法。如《七根火柴》《百合花》。

2. 夹叙夹议法。如《谁是最可爱的人》。

3. 并列结构法。从不同角度、不同侧面，组织、安排材料。

4. 欲扬先抑法。用“抑扬”控制、放纵感情，结构上层层铺垫，“抑”为“扬”蓄足气势。如《荔枝蜜》。

5. 设置悬念法。为增强艺术感染力，有意设置“包袱”，以吸引读者，关心表述内容的方法。如《驿路梨花》。

6. 一线串珠法。如《记一辆纺车》。

7. 对话描写法。

8. 虚实结合法。

9. 点面结合法。

二、选材

无论是记叙、议论还是说明文，写作时都有个如何选取材料和运用材料的问题。什么是选取材料？选取材料的标准是什么？在组材时又该注意什么？

(一)选择标准与要求

选材的最基本标准是主题的需要。第一，要围绕中心来选材。第二，要选择真实、生动的材料。真实是文章的生命。胡编乱造、凭空臆想的东西是没有生命力的。这里的真实有两层意思：一是真有其人其事；二是指不是偶然的，个别的，而是能够反映客观事物本质的材料，即艺术真实。如果把这个真实理解为“凡是生活中确有其事的，就原封不动地写下来”就是真实的，那是对文学上“真实”的曲解。前些年有这么一件事：

> 上海的一位中学生看到大光明影院门口有乞丐讨食现象，就写了一篇感触很深的文章《大光明前不光明》。文章在《语文学习》杂志上进行过一番讨论。你想想，大光明影

院门口有几个乞丐，那就不光明了吗？这个确有其事的材料，能不能反映社会本质呢？我国13亿人口，什么样的人没有，什么样的事没有？怎么能根据这个偶然现象，就说不光明了呢？应该说，这位中学生的文章材料是没有代表性的，所以得出的结论是不真实的。

相反的，有些文章里的材料，虽然不是实有其事，但合乎在一般情况下一定会出现的事理规律，也应算是真实的材料。如《连升三级》一文中："魏好古目不识丁，听算命先生一吹，就要去考状元。途上遇上魏王了，本来该打的却为魏好古递了名刺，主考官代为做题，得了个第二名榜眼。后来别人捉弄他骂魏王，却因此又加了官，后来……"这本来是荒唐的事，但在封建社会黑暗制度下，这种不正常的现象经常出现，那这种不正常的事，也就很自然地被人们认为是很正常的了，是"真实"的材料。但是这种真实，只是小说等文体中的艺术真实，不能与消息、报告文学等的真实一样，因为新闻的第一要点即是真实，那是不能用艺术真实来处理的。

第三，要注意材料的生动性。我们说某篇文章感人，除了叙述过程中叙述生动外，材料本身的生动应当是第一位的。我们常说"巧妇难为无米之炊"。如果说所选的材料是平淡的，那么叙述起来，肯定不会生动，即使用大量的烘托与渲染，大量的夸张与比喻，也不会改变这种平淡的命运的。只有选择了生动的材料，再加上生动的叙述，文章才会生动感人。

第四，要选择典型的材料。所谓典型性，就是指能够深刻揭示事物本质，具有广泛代表性的材料。这样的材料，最能表现写作意图，最有感染力和说服力，材料典型与否是决定文章高低的一个重要条件。选择典型材料不容易。不占有丰富的材料，不对这些材料有一个深刻的理解，不进行认真的鉴别和提取，是难以做到的。材料的典型性，还包括材料的力度、高雅，符合国家法律和社会道德等。

第五，要选择新鲜具体的材料。所谓新鲜的材料，就是那些

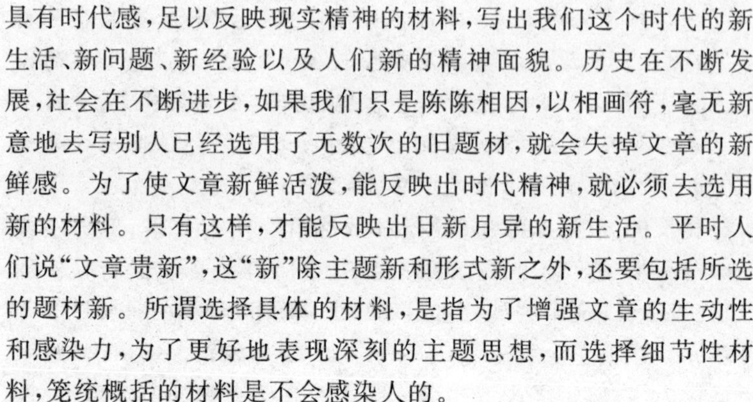

具有时代感，足以反映现实精神的材料，写出我们这个时代的新生活、新问题、新经验以及人们新的精神面貌。历史在不断发展，社会在不断进步，如果我们只是陈陈相因，以相画符，毫无新意地去写别人已经选用了无数次的旧题材，就会失掉文章的新鲜感。为了使文章新鲜活泼，能反映出时代精神，就必须去选用新的材料。只有这样，才能反映出日新月异的新生活。平时人们说“文章贵新”，这“新”除主题新和形式新之外，还要包括所选的题材新。所谓选择具体的材料，是指为了增强文章的生动性和感染力，为了更好地表现深刻的主题思想，而选择细节性材料，笼统概括的材料是不会感染人的。

（二）选材的方法

1.挑选材料。我们占有的材料，都是关于某人或某事的。但是，这些材料反映某人或某事的角度可能是不同的，一个不剩地把这些材料都选用上去，显然不能集中反映一个主题，这就需要选择了。这种选择，是按照中心的需要来进行的。

比如：我们要表达老师的“责任心强”这一中心思想，已经掌握的材料有：(1)老师热爱学习，存书很多。(2)老师备课认真，从不放过一个疑问。(3)讲究教课的艺术。(4)常利用课外时间为我们补课。(5)为了班集体，多次找领导反映情况。(6)备课本一学期用了6个。(7)提问学生时，注意学生的心理和尊严。(8)经常让学生自己来讲课。(9)指导班干部做好工作。(10)团结所有任课老师。(11)为解决同学们共同存在的难题而彻夜未眠。(12)每个学生问的问题，他都讲到完全懂为止。

以上12个材料，都是关于某一老师的，但所反映的角度是不同的。如果围绕“责任心强”这一中心来选择，(2)(3)(4)(11)(12)可选。如果围绕“教学有特点”来选择，(3)(7)(8)可选。如果围绕“班主任工作做得好”，(5)(9)(10)可选。由此看来，围绕中心来选材，是值得我们认真对待的基本方法。

2.剪裁材料。有的材料，一部分能用，一部分对所要表现的主题有影响，不能使用，对这样的材料，就要进行适当裁剪。

还有一种是对原始材料进行艺术加工，将同类材料进行嫁接。比如，《小二黑结婚》这一小说，反映了新政府颁布《婚姻法》后，对青年的帮助与支持。原材料是这样的："在山区有一对青年男女，他们相亲相爱，积极向上，一直恋爱了二年多。后来由于父母的反对，二人双双殉情而死。"这样的原始材料，还不能反映《婚姻法》的巨大威力，宣传不了《婚姻法》对青年婚姻自由的保护作用，因而作者在写作时候，对它进行了艺术加工："在山区有一对青年男女，他们追求自由，追求爱情。受到父母的阻挠后，就转而向政府反映，最后获得自由幸福的美满婚姻和幸福生活。"这样一加工，反映的主题就明确了，材料更有力度了。

如何进行创新为文

创新为文就是指作文超过或突破常规写法，以"领异标新二月花"的姿态展示自我，进而通过"人无我有""人有我新"，来努力追求与众不同，也就是根据已有的知识和经验提出具有独创性的新思想、新思路、新方案、新问题，独出心裁、标新立异地分析和解决问题的思维活动。

一、如何创新为文

一是立意创新。古人云："文以意新为贵。"所谓"意新"，就是立意创新，思想内容有新意，有时代气息，能给人以新鲜感。立意能从一般中见特殊，从陈旧中出新鲜，一反人云亦云的老生常谈，运用发散思维中的求异思维或逆向思维，寻人所未寻、想人所未想，提出新颖的观点，发表独到的见解，从而创作出人之未言、人之未写的奇妙文章。

二是用材创新。所谓用材创新，就是"巧用旧材料，结构新篇章"，对旧有的事例、材料进行新时代、新观念下的社会人生、为人处世的审视思考，从而根据为文的需要翻出新的见解、新的观点，为我们言情写意、述志明理服务。

三是文体创新。借可以"自选文体"的契机，不妨在文体创新上下些功夫。根据表情达意的需要，选择你最得心应手的文体来写：凡是你最所熟悉、掌握的都可以依据其特点来构思成文。常见的文章体裁记叙文、议论文、说明文可以写，常见的文学体裁散文、小说、诗歌、寓言故事、故事新编可以写，常见的应用文书信、演讲稿、日记也可以写。甚至非常见的实验报告、网络跟帖、新闻综述等文体也可以写。

四是语言创新。所谓语言创新，就是在言之有物的前提下，通过准确简洁、生动形象的语言来作文，不论朴实、华丽，还是典雅、俚俗，抑或是幽默、诙谐，都能在体现作者的语言个性特征的同时，文情并茂，恰到好处地来表情达意。

二、误区透视

多年来一些考生借助“自选文体”这个顺乎民意的松绑政策，选自己最擅长的文体来创新为文，在写作中能最大限度地张扬个性、施展才华、发挥长处，确实写出了许多风格独具、体裁多样、异彩纷呈的美文佳作。然而，这仅仅是“一些考生”，还有“一些考生”却错误地理解“创新为文”，写出了一些非驴非马的“四不像”文章。具体说来，主要表现为以下几点：

一是立意为求新而硬求新。不论话题作文，还是材料作文，小作者为了追求新颖另类，无视命意的内涵和外延，不管一些定评的公理或哲学命题，一味求异或逆向思维，似乎只要与大家唱反调，就能立意创新，就能博得阅卷老师青睐。如作文题“好奇心”，一般说来，有好奇心毕竟是好事，可是有人为了追求猎奇，竟然立意为好奇心乃人生的罪魁祸首，是盲目行动的根源，并列举我国著名探险家于纯顺因为好奇心而横穿“死亡之海”世界第二大沙漠塔克拉玛干，以致身强力壮正值盛年的他不幸遇难。这无疑是犯了以偏概全的毛病。

二是为创新而胡编乱造材料。写文章有新材料固然好，但实际上并没有那么多新鲜材料，这样就得活用已有的旧材料。活用，标新立异无疑是它的核心，但所“标”所“立”的“新”和“异”，不能是无源之水、无本之木，必须是合乎情理的。如果是

人物材料，一定要符合任务的思想性格的发展特征；如果是事实、事理材料，一定要切合材料所寓意的逻辑范围，绝对不能为了“标新”而强“立异”，乱“立异”。例如，《西游记》中的唐僧，他一向笃信佛学、慈悲为怀，无论你怎样的标新立异的“新说”，都不能把他写成凶恶残忍、贪财好色。

三是文体选择上非驴非马。一些考生错误地理解了“自选文体”的含义，以为“自选”，就是自己想怎么写就怎么写，想写成啥就写成啥，于是在他们的笔下出现了既不像这种文体也不像那种文体的非驴非马的“怪胎”。其实，考场作文是有文体规范潜在要求的。什么是“自选文体”？就所有考生而言，每个考生都可以根据行文的需要自己选定一种文体来写作，而就一个考生来讲，你一旦选定了文体，就必须遵循该种文体的行文特点，在表达方式或写作模式上予以充分的体现，让阅卷老师明白地看出“此文体就是此文体”，绝不能写成姜子牙的坐骑“四不像”。

四是语言造作不伦不类。为追求所谓语言创新，一些考生用语忽而文白夹杂，忽而网上语言叠出。如作文《忘记与铭记》：“听到爷爷驾鹤西游的消息，我简直惊呆了。爷爷身体一直老棒了，可竟溘然去之。复知爷爷临终前极念其孙，但愿一晤，余闻而愈悲，昔时对余之蛮怜爱、老呵护之林林总总，何可胜道也哉……”这段文字中“驾鹤西游”“老”“蛮”“念”“余闻而愈悲”“何可胜道也哉”等词语和句子，真是不伦不类，让人一看就心生反感。

如何引导学生积累写作素材

多年的教学实践发现，学生写作时无从下手，写出来的作文也是内容空洞、干干瘪瘪。一篇好的作文离不开好的材料，只有引导学生平时留心，善于积累，才能写出新人耳目、十分出彩的文章。如何引导学生进行材料积累呢？谈一下自己的几点体会。

一、注重课文书本材料的积累

教材大多数课文后面附有与课文有关的融文学性、知识性、趣味性于一体的“花边文学”，如果老师不作有机的引导，这些就常常被大多数学生忽略；老师如果能指导学生养成自觉阅读的良好习惯，将这些“边角料”按古今中外、天文地理、名人轶事、文坛掌故、凡人琐事等进行分类整理识记，不少内容都可作为写作的上等素材。课文，特别是古文，都是沙里淘金、万里挑一的精品，与课文相关的故事可进行高度的浓缩，可将其作为典型的论据，或取其一点，以此为基础运用大胆的想象进行再创作。一般的政治、经济、科普文章，也要让同学们养成“随便翻翻”的良好习惯，积累多了，就能够“得法于课内，得益于课外”，写作时自然可以信手拈来，游刃有余。

当然，平时应多注意积累。大家不要误解“开卷有益”，认为“书读得越多越好”。但如果只是浅层次的浏览，不去做深层的

探讨，如同用水桶去灌一只酒盅一样，流淌的比获得的、吸收的要多得多。所以，读书不能漫无目的，应注意方法。可以做读书笔记，可以做卡片、活页，可以复印，平时应多积累，功夫在“文”外。

二、积累名言警句

有文采是作文评判的重要依据之一，中外名言警句是思想的精华，语言的典范，是全人类共享的文化财富。倘能用得准确，恰到好处，无疑会给文章增色，起到画龙点睛的作用，能映出深厚的阅读底蕴。不少老师从小学就开始帮助学生有意识地进行定向积累，可引导学生把多年的“库存”按照不同的话题，分门别类地清理筛选一下，做个素材库“备忘录”。如果没有做这项工作，就引导学生从现在起，积极积累。写作时，从中选用几句，或做题记，或做开头，或做结尾，或用来组织材料，效果一定不错。

三、链接名著名作积累素材

近年来，不少同学依托古今中外的名著推陈出新，进行“故事新编”，成为作文一道亮丽的风景。如：《孔明挥泪斩马谡》，别出心裁地运用独幕剧的形式，大胆对我国古典文学名著《三国演义》进行改编，放飞思维，张开想象的翅膀，将读者带进生动形象的历史故事中。被同学们作为再创作的原版名著，从某种意义上说，就成了写作的广义上的素材，但绝不能胡编乱造、盲目模仿，必须要有深厚的阅读积淀。我认为，要想成功地进行“故事新编”，必须通读一部或几部文学原著，进入其艺术的天地，进行心灵的远游，只有做到融会贯通，化入个性，才能真正把名著这一“梅花的一缕香魂”借来为己所用。

同时，写作时要找到“话题”与名著的气韵有相通或相似之处，否则就会不伦不类。刘备三顾茅庐，请出诸葛亮，不能说不重视人才，但却被东吴陆逊火烧七百里连营，原因是刘备鄙视年轻人才。重视人才又鄙视年轻人才，生活中这样的情况是否存在呢？完全可以写出一篇针对性强的议论性质的文章。

四、积累素材还要融入社会生活

作文要求“有创新”，首先是材料要新，国内外最近新闻中的焦点时事，材料新，视点高，眼界宽，意义大，这就是有价值的素材，要引导学生务必做搜集这类材料的有心人，千万不能“两耳不闻窗外事”，要做到“家事国事天下事事事关心”，写作时便可洒脱地面对这些重大热点题材。但要注意的是，要把握好选用的尺寸，最好有准确的时间、地点、人名、数据，使之更有说服力。用来作为论据应该进行高度的概括，切勿展开，以免以叙代议，造成文体不明，甚至写成“四不像”；用来记叙要进行丰富的联想和想象，挖掘其内涵，进行艺术变形，或夸张重组。

总之，生活中不是没有素材，而是你缺少发现的慧眼，留心处处皆素材。“问渠那得清如许？为有源头活水来”，只要你引导学生重视积累，抓住时代的脉搏，与时俱进，作文素材就会取之不尽，用之不竭。